# 十问中国梦
## 给梦想多一点时间

刘戈　舒泰峰　王文　雷思海 ◎ 著

MORE TIME FOR CHINA, MORE TIME FOR DREAM

北京大学出版社
PEKING UNIVERSITY PRESS

# 图书在版编目（CIP）数据

十问中国梦：给梦想多一点时间 / 刘戈等著 . —北京：北京大学出版社，2013.12
ISBN 978-7-301-23283-5

Ⅰ.①十… Ⅱ.①刘… Ⅲ.①社会主义建设模式 – 研究 – 中国 Ⅳ.①D616

中国版本图书馆 CIP 数据核字（2013）第 233110 号

| | |
|---|---|
| 书　　　名：| 十问中国梦——给梦想多一点时间 |
| 著作责任者：| 刘　戈　舒泰峰　王　文　雷思海　著 |
| 责 任 编 辑：| 宋智广　王业云 |
| 标 准 书 号：| ISBN 978-7-301-23283-5/C·0945 |
| 出 版 发 行：| 北京大学出版社 |
| 地　　　址：| 北京市海淀区成府路205号　100871 |
| 网　　　址：| http://www.pup.cn　　新浪官方微博：@北京大学出版社 |
| 电 子 信 箱：| rz82632355@163.com |
| 电　　　话：| 邮购部 62752015　　发行部 62750672 |
| | 编辑部 82632355　　出版部 62754962 |
| 印　　　刷　者：| 北京正合鼎业印刷技术有限公司 |
| 经　　　销　者：| 新华书店 |
| | 787毫米×1092毫米　16开本　16印张　169千字 |
| | 2013年12月第1版　2013年12月第1次印刷 |
| 定　　　价：| 42.00元 |

未经许可，不得以任何方式复制或抄袭本书之部分或全部内容。
版权所有，侵权必究
举报电话：010-62752024　电子信箱：fd@pup.pku.edu.cn

More Time for China, More Time for Dream | 序言

# 中国梦与中国人的梦

梦想如果不能照进现实,那么梦想就是空想。经过新中国成立六十多年,尤其是改革开放三十五年来的建设与发展,中国在取得巨大经济成就的同时,经济发展的可持续性遇到了新的挑战,社会矛盾也在不断积累。中国梦之于中国人,从未像现在这样既触手可及又面临艰难险阻。

中国梦植根于中华民族五千年悠久文化传承和百余年近代悲惨遭际的历史土壤,成长于中国特色社会主义建设的巨大繁荣和贫富差距加大并存的当下现实,必将盛开在人民生活富足、国家实力强大、社会公平公正、政府廉洁高效的可以预见的未来。

回顾历史,1840年鸦片战争后,中国开始了百余年的屈辱。但也就是从那个时候起,民族复兴成了中国人的梦想。也可以说,从那一刻

起，中国梦就此萌芽，民族复兴的历程也拉开了序幕。

1894年，中山先生最先在《兴中会章程》中提出了"振兴中华"的口号，并为之努力一生。之后，经历了一百多年、几代人不懈的探寻和努力，才终于让我们看到了梦想成真的可能。"十八大报告"讲建党100年的目标时强调，现阶段我们的任务是在2020年全面建成小康社会。这是在实现中国梦的过程中一个具有重大意义的阶段性目标。

中华民族在追求中国梦的历史进程中，经过了一代又一代人的努力，付出了巨大的代价，已经创造了无数的辉煌，正在一步一步地接近我们的宏伟目标。

中国梦不仅仅是理想、是目标，也是现实，反映在每个中国人的生活中。正如习近平总书记所说的那样：实现中国梦，就是实现老百姓的梦。"人民对美好生活的向往，就是我们的奋斗目标。"中国梦是国家民族的梦，也是每个中国人的梦，归根到底是人民的梦。中国梦、中国道路最终都要落到老百姓的幸福生活上。

"我们的人民热爱生活，期盼有更好的教育、更稳定的工作、更满意的收入、更可靠的社会保障、更高水平的医疗卫生服务、更舒适的居住条件、更优美的环境，期盼孩子们能成长得更好、工作得更好、生活得更好。"这就是实实在在的中国梦。

但是，没有人相信在接下来中国人实现中国梦的过程中将不会遭遇艰难险阻。

继续坚持改革开放虽然是全国人民的共识，但对于朝哪个方向改则具有非常大的分歧。而目前中国社会的核心矛盾是贫富分化，其中蕴藏着巨大的经济和社会风险，稍有闪失就会落入"中等收入陷阱"，让中国梦悬在半空。而解决这个问题，必须动既得利益集团的"奶酪"，必将受到既得利益集团的强力阻挠。改革的对错之争变成了利益之争。这些既得利益集团虽然有着看起来分歧巨大的政治观点，但其实质都是维护和巩固自身的利益。

中国的人口红利已然接近尾声，中国的环境为了经济发展付出了沉痛的代价，还有居高不下的房价、僵化的土地制度，等等，不继续推进改革，尤其是降低贫富差距的改革，中国梦无异于空中楼阁。

此外，经济层面上，中国梦还需要坚挺的人民币的支持。如何打赢跟美、日尤其是美国的货币战争，关系着中国梦的前途；中国的企业继续转型，中国制造要转变为中国创造；中国的教育问题令人忧心，创新成了当下流行的口号，但真正的创新能力却令人汗颜……

伴随着经济的高速发展，中国人的道德境界出现了严重的问题。逐利无度，漠视苦难，社会纽带的涣散，拜物教的流行，这些全都成为中国梦的不祥的伴奏。

还有业已形成的权贵，他们利用手中的权钱，设租寻租，法治成为柔弱不堪的监管者，收拾不了特权这只猛虎，当一个社会盛行权力崇拜的时候，公平和正义都会被尘霾遮盖。

乡土的消失，战争的威胁，中国人在海外的利益……

总之，在通向中国梦的道路上，荆棘满途，举步维艰。书中十问，直指实现中国梦最亟须正视和解决的问题，是能否实现中国梦的关键所在。

中国问题之复杂,中国内外环境之变幻无测,都增加了实现中国梦的难度。因此,请给我们共同的梦想多留一点时间。唯有与时俱进,深化改革,对阻碍中国梦的各种力量大加讨伐和清除,才能真的实现中国梦,让中国梦照耀世界。

**刘　戈**

More Time for China,
More Time for Dream | 目录

第一章　**收入差距改革的阻力有多大** / *001*

　　贫富分化孕育巨大危险 / *001*

　　中等收入陷阱，绕得过去吗 / *023*

　　高房价拖累中国梦 / *026*

　　土地制度改革迫在眉睫 / *037*

第二章　**打造健康的金融圈** / *040*

　　替人抢劫自己，荒诞却真实 / *040*

　　货币发得比美国还多，无奈 / *050*

　　输出货币才是真大国 / *059*

第三章　**经济转型，难在何处** / *066*

　　打好中国制造的下半场 / *066*

　　中国企业必须脱胎换骨 / *070*

　　要创造，得先有实力 / *076*

学会和全世界做生意 / 082

新工业革命机遇大于挑战 / 089

## 第四章 创造力从何而来 / 095

拷问教育过度产业化 / 095

让学术远离官僚 / 099

国家与个人相向而行 / 107

## 第五章 新型城镇化路在何方 / 111

新型城镇化，一场牵一发而动全身的革命 / 111

别让2.6亿人成为火药桶 / 115

用"化人"代替"化地" / 119

要新城，不要空城和鬼城 / 123

还权赋能，构筑新乡土中国梦 / 127

## 第六章 如何阻止道德进一步滑坡 / 132

逐利有度，降低一个民族的耻点 / 132

不漠视苦难，这是我们对良心的信仰 / 137

新技术孕育新道德 / 141

重建社会纽带，做一个真正的公民 / 145

重建心灵契约：让信仰代替拜物教 / 149

第七章 **法治建设，到底有多难** / *154*

告别寻租 / *154*

"拼爹"拼不出中国梦 / *157*

权贵资本主义是对中国梦的戕害 / *161*

权力崇拜可以休矣 / *167*

让权力下降，让法律上升 / *171*

第八章 **如何化解人口与环境的新瓶颈** / *175*

提前消失的"人口红利" / *175*

从人太多到人太老 / *177*

雾霾染灰中国梦 / *182*

第九章 **中国梦会被一场战争打断吗** / *190*

中国是维护世界和平的重要力量 / *190*

战争在东亚爆发的可能性在加大 / *192*

中美海战，还是中国的海洋梦 / *195*

从挨打、挨饿到挨骂 / *200*

非军事化的战争骚扰着中国梦 / *206*

中国不畏战，也不求战 / *215*

第十章 **世界能分享中国梦吗** / *219*

  美国梦遇上中国梦 / *219*

  中国梦是人类智慧的最新结晶 / *222*

  中国梦正让世界分享红利 / *228*

  洋漂族的中国梦能成功吗 / *234*

  学会中国梦的全民表达 / *237*


**编后记** / *243*

**参考资料** / *245*

# 第一章

# 收入差距改革的阻力有多大

## 贫富分化孕育巨大危险

最近30年，中国创造了人类历史上经济增长的奇迹。

一个全世界人口最多的经济体，成功对接了全球化带来的制造业转移的历史契机，一跃成为地球上另一个"超级大国"。如今的中国，不论从经济总量、科研能力、基础设施各个方面看，都与其世界第二大经济体的地位相匹配。

然而，如果我们把"改革""开放"仅仅看作是表述一种经济政策取向的中性词，而不是另一种顶礼膜拜的意识形态的话，那么在肯定中国改革开放伟大成就的同时，我们不得不承认：在发展的过程中过度追求效率，而忽略公平的价值取向，让中国在取得巨大经济成就的同时，贫富差距过度拉大。

过度拉大的贫富差距所造成的严重后果已然显现，一方面消解了人们对改革开放正当性的理解，一方面减弱了人们对生活水平巨大提升的满足感，同时为中国经济下一步的可持续发展设置了障碍。

就中国目前的状况来看，自改革开放以来，中国的收入水平已经由一个相对平均的状态转变为一个贫富差距日益拉大的状态。尤其是最近几年，贫富差距的程度已经超过了"中等不平等"的国家。这种变化继续发酵，势必为将来的发展埋下诸多隐患，因此引发了有识之士的担忧。

在过去的30多年里，从发展轨迹上看，中国基本效仿了日本的经济成长模式：在高效而强有力的政府主导和推动下，经济高速发展。但从国民财富分配的结果上看，却产生了如巴西、墨西哥等国走过的所谓"拉美化"趋势。

第二次世界大战后，拉美和泰国、菲律宾、印度尼西亚等东亚国家都曾经经历过经济快速增长阶段，只有日本、韩国等少许几个经济体成功越过"中等收入陷阱"，进入到高收入或准高收入国家的行列，而大部分国家都跌入"中等收入陷阱"，经济增长陷入长期的停顿状态。

从这些国家的发展过程来看，哪个国家在快速发展过程中贫富差距没有快速拉大，这个国家就能越过"中等收入陷阱"；反之，哪个国家在快速发展阶段贫富差距快速拉大，那么，这个国家必将陷入"中等收入陷阱"。无一例外。

也就是说，较小的贫富差距是不跌落于"中等收入陷阱"的前提条件。而中国目前的发展状态恰好处于两者之间。

中国众多的人口、贫乏的资源、错综复杂的矛盾，都将导致中国可能永远失去成为世界第一经济强国的机会。贫富差距的问题解决不好，改革开放就等于全面失败。这绝非危言耸听。

著名经济学者布拉姆巴特指出:"高度的不平等有可能会阻碍增长,因为无法获得信贷的穷人也许不能利用投资机会,也有可能成为政局和社会不稳的根源,阻碍投资和增长。"

卢梭在《论不平等》中说过:"社会经济不平等给予共同体中有些人过分强大的影响法律制定的力量,把共同体分裂成充满敌意的帮派,都不愿意为了整体利益而牺牲小团体利益。"放在200多年后的当下中国,这话精准得令人毛骨悚然。

先贤一针见血地指出了贫富差距这种经济不平等所引发的严重后果,即通过隐秘手段暴富的群体会干预立法、司法、行政,并结成特殊利益集团,吞噬经济发展的硕果。他还说,巨大的贫富差距将造成公民间的相互仇恨、对公共利益的冷漠。贫富差距是真正民主的障碍。

保护穷人免受富人的暴政是所有政府的最重要的责任,社会一旦出现非常富有和非常贫穷的人,再来采取措施就往往为时已晚。最好的做法是从最开始就防止财富极端不平等的情况出现,通过管理社会,保证没有特别贫穷的人。在卢梭看来,缩小贫富差距,进行收入制度改革,是社会免于陷入混乱和无序的重要措施和必要措施。

对中国来说,现在亡羊补牢,的确已经错过了最佳时机。在2003年之后,中央的政策已经出现了非常明显的缩小贫富差距的走势。一系列缩小贫富差距的措施出台,包括农业税的减免、社会保障制度的建立、医改的推进、保障房的大规模建设,等等。但突发的金融危机打乱了这一进程。4万亿巨额投资在缺少监管的环境下迅速投放,一方面抑制了经济的下滑，保证了就业；另一方面，巨额投资中的贪腐现象和巨大货币发行推高的资产泡沫，也导致财富迅速向富人集中。中央几年来缩小贫富差距的努力几近付之东流。

**谁先富了起来**

改革开放之前，中国的基尼系数处于全球最低的范畴之内。这种超低的基尼系数实际上是一种特殊现象。改革开放之后，中国走上了市场经济的发展道路，从某种意义上讲，贫富差距扩大是不可避免的现象。

脱离计划经济轨道之后，私营经济开始活跃起来，一部分率先下海的人先富了起来，一部分高级职业经理人开始富了起来，一部分专业技术人员开始富了起来。随着财富总量的增长、投资渠道的增多，一部分炒股的人富了起来，一部分炒房的人富了起来。

同时，地区之间的贫富差距开始拉大，占据明显区位优势的东部沿海地区就获得了更加迅速的发展，从而使东部沿海地区的居民在收入方面拉大了与西部地区居民的差距。

社会主义市场经济体制的确立，让一部分人先富裕了起来。市场经济在中国的确立也是分阶段的，每个阶段有每个阶段的特征，在每个阶段，人们获益的水平也不尽相同，随着社会主义市场经济的深入和进一步确立，每个阶段获益较大的人群自然会跟获益较小的人群进一步拉开收入差距，这也符合自然规律。

可见，谁能洞悉社会主义市场经济发展的大势，谁能与中国市场经济的发展保持同步，谁就能获得先机，率先富裕起来。这无可厚非，也不必以道德眼光对之强加否定和批评。这种情况在历史上是合情合理的，而且是客观原因造成的。

但同时也要注意到，在中国发展市场经济的进程中，也造就了另外一个巨大的先富群体——他们更多的是依靠非法或者合法的方式侵吞社会财富。这个群体的迅速膨胀是贫富差距快速拉大的更为本质的原因。

摸着石头过河的中国特色市场经济，是一个计划与市场、权力与市场交织混杂的经济模式。这种模式是中国转型的必然产物，同时也被实践证明是经济赶超的卓有成效的发展方式。这种发展模式，也必然为财富的巧取豪夺留下许多"空当"。

在"不管白猫黑猫，抓住老鼠就是好猫"的思想指引下，崇尚拥有财富而不问财富来源成为从官方到民间的普遍共识，从上世纪九十年代开始，"笑贫不笑娼"成为被社会普遍接受的价值观。依靠非法或者合法不合理的方式获得财富的比例越来越高，"灰色富有阶层""黑色富有阶层"迅速形成壮大。

这个暴富阶层分布在"管、产、学"各领域，其核心特征是通过权力勾兑获得财富。他们可以分为这样几个层次。

第一类是贪腐官员或者国有企业管理者，通过帮助商人、企业获得特殊利益，或者通过提拔干部变卖权力，获得巨额贿赂。

第二类是通过贿赂政府官员获得项目的商人。

第三类通过在企业改制、上市、购并等途径瓜分国有资产，过多占取公共利益的企业家。

第四类是依靠家庭背景或者特殊关系，掌握信息套利或者充当掮客的投机者。

第五类是利用市场监管漏洞，以次充好，生产假冒伪劣商品的不法商人。

第六类是在企业运行中，通过贪污受贿，获得不法收益的国有企业、私营企业和外资企业的经理人。

这六类人群的不断壮大，在导致社会财富分配失衡的同时，也极大地扰乱了社会主义市场经济的运行规则，导致市场失真，让一些真正守法经营的企业在竞争中处于劣势。

在市场经济运行中，贫富差距不断拉大是一种必然的现象。而税收制度正是利用二次分配纠正一次分配的不公正现象的有力武器。而目前中国的税收制度基本上没有实现这一目标的功能。由于缺乏完备的个人财富报税和核查手段，个人所得税事实上成为针对工薪阶层的工资税。房产税、遗产税税种也迟迟没有推出。依靠以间接税为主的税收征收机制，根本无法实现社会财富的二次分配，就更别说对"黑色财富""灰色财富"的抑制了。

最后，社会保障制度建立的滞后，更加助长了贫富差距。与经济发展幅度相比，中国的社会保障事业表现出一种明显滞后的情形，中国现行的社会保障制度无法有效地保证失业队伍的基本生活问题，对农村贫困人口的辅助更是杯水车薪。

综上所述，在多种因素影响之下，中国收入差距过大现象日益严重，并对中国社会的健康发展造成越来越大的负面效应。

## 新三大差别

在相当长的一段时间里，三大差别是中学生们在政治课的考试中肯定会遇到的题目。这种题目被称为送分题，几乎每个学生都会毫不迟疑地写出以下答案：工农差别、城乡差别、体力劳动和脑力劳动之间的差别，社会主义的目标就是消灭三大差别。

近几年另外一些因素造成了新的三大差别，并有不断扩大之势，也就是一线员工和管理者之间的差别、垄断行业职工和竞争性行业职工的差别、本地户籍和外地户籍之间的差别。这种差别虽然不像巨富和赤贫之间的差距那么触目惊心，但由于涉及人群广泛，也成为中国贫富分化急需解决的新课题。

三大差别是工业化的一个自然产物，当城市化和工业化的浪潮席卷到哪个国家，这种差别就必然会产生。但新三大差别则主要是通过制度安排人为产生的。在垄断行业和竞争性行业之间、本地户籍和非本地户籍之间，收入差距尤为明显。

我们发现，在劳动力的价格形成机制上，市场失灵了。市场调节机制仅对部分群体起作用，而对另外一部分基本不起作用。

在一线员工那里，虽然在地区之间、大城市和中小城市之间有一定差别，但不管是民营、外资还是竞争性国企，基本形成了全国性的劳动力市场，每一个城市不同所有制中的餐饮服务员、制造业工人、大学毕业生之间的市场价格差别不大。公司管理层，在民企、外企和竞争性国有企业，也基本上是市场主导。

而在金融、电力、烟草、电信、石油等垄断行业，管理层的薪酬则完全与职业经理人市场的供需无关，在这些企业，管理层只在系统内部流动。一位县长向我抱怨说，在一个县城里，电力公司总经理的薪酬是他的10倍，烟草局长、银行行长、移动或者联通公司的总经理的薪酬是他的5~8倍不等。

不说管理层，在垄断行业内部的普通员工之间，由于身份的不同，薪酬和福利差别也越来越大。员工被分成正式工、合同工、派遣工、劳务工等各种不同的身份。同样的岗位、同样的工龄，不同身份之间的收入差别最高的能达到5倍之多。那些在移动、联通营业厅里的业务员，在中石油、中石化油田和加油站里的大量派遣工、劳务工，顶着垄断行业员工的名分，挣的是和其他行业差不多的薪酬。我的同事曾经讲过这样一个笑话：中石油的小伙子和中移动的姑娘谈恋爱，都以为对方是高收入人士，交往一段后一打听，原来都是派遣工。

和前两对差别相比，本地户籍和外地户籍之间的收入差别不表现在薪酬上，却通过享受各种公共服务的权利差别，以一种隐形的方式表现出来。没有本地户口，孩子上学要多花几万到十几万元；不能在本地参加高考，只好一狠心送孩子到国外上大学，当然又是一大笔费用。没有买经济适用房的权利，买商品房又要增加几十万甚至上百万元的支出。

从2004年到2009年的5年，中国的GDP从13万亿增长到33万亿，增长了近150%。同期，城镇职工年平均工资从1.6万元增加到3万元，增长了不到90%。而这增加的90%，大部分落在了企业管理层、垄断行业正式职工身上。农民工年平均工资仅仅从1.1万多元增加到1.6万多元，增加了50%。而竞争性行业的基层知识工作者的工资增加幅度甚至还不如农民工。因此，大部分一线员工对薪酬的感受和统计数字完全背离。如果你不是管理层、不在垄断部门工作、没有本地户口，同时也没有升职、没有创业、没有转行，还在原来的行业和岗位上，那么在中国经济飞速发展的这五年，你的薪酬和福利肯定不会有什么变化。近几年，由于农村转移劳动力的日趋减少，人口红利阶段结束，导致体力劳动者的薪酬有较快的上涨，但总体说来，由于制度安排而导致的收入差距不合理状态依然存在。

第一次分配市场失灵，第二次分配政府失灵。失灵的平方造成新三大差别越来越大，并且有加速发展的态势。新三大差别的最大受损者是两个群体——农民工和普通白领，而其中普通白领的感受更加强烈。

如果说，十年前的收入结构是一个金字塔，而现在拉长了变成埃菲尔铁塔，原来白领是在金字塔的高处的，现在突然发现成了塔座。而那个越来越长的塔尖则由同时具有管理者、垄断行业和本地户口三重身份的人构成。

新三大差别，对经济造成的影响是，消费对经济的贡献从十年前占GDP的60%，下降到去年的36%，中产阶层的跌落，让拉动GDP三驾马车的辕马变成了一头瘦驴。这最终影响的不仅是社会公正，还有中国经济的可持续发展。

## 美国的"大压缩"

当时间跨入20世纪初,也就是1900年的时候,美国进入了飞速发展的时代,但也正是这个时候,美国社会两极分化严重,收入差距巨大。

历史数据显示,从1900年开始到1929年这30来年中,美国经济得到长足的发展。但收入不平等程度并没有随着经济高速增长的态势而得到根本改变。在减轻收入不公的影响方面,美国政府的作为收效甚微。

以20世纪20年代为例,美国收入最高的10%人群拥有超过43.6%的国民总收入,而其中收入最高的1%人群的财富更是占到国民总收入的17.3%。

当时的大西洋彼岸,已经在推行累进税制与建设福利国家领域有了长足的进步。比如说德国,早在19世纪80年代,俾斯麦就引入了养老金、失业保险甚至国民医疗保险等相关体制。到20世纪20年代,英国也已逐步建立和完善了国家福利制度,包括国民医疗福利。

而在美国,从独立到20世纪早期,一直依靠关税养活联邦政府,除此之外几乎没有其他的税源,也就更不要谈建立在税负之上的社会保障体系了。客观上,这种税收政策既使美国企业和富人无税一身轻,获得了快速发展的条件,也给欧美工业品进入美国设置了贸易保护壁垒。

可以说，从建国开始，贸易保护主义就是美国的基本国策。但高关税在保护了美国工业和垄断企业的同时，却让普通百姓承担高关税带来的高物价，百姓要用比欧洲人高得多的价格购买来自欧洲的工业品，而企业和富人们却从中不断得到好处。

从19世纪末，一场长达30年的"进步主义"运动在美国风起云涌，要求向富人开征所得税并降低关税的呼声越来越高。但这种努力遭到保守势力的顽强抵抗，他们祭出美国宪法，并鼓吹向企业和富人征收所得税是受共产主义思想的影响，万万要不得。

争论一直持续到1913年。之前的1912年，民主党人伍德罗·威尔逊当选美国总统。作为美国历史上学历最高的总统，曾经担任过普林斯顿大学校长的哲学博士伍德罗·威尔逊最终促成了关税的降低和所得税在美国的确立。税收改革和联邦储备系统的建立是这位高学历总统所宣扬的"新自由"主义最重要的组成部分。

按照新的关税法案，所有进口商品的平均税率从37%降到了27%。估计由此将使联邦政府每年减少5000万美元以上的收入。这个亏空怎么补上呢？10月31日，威尔逊签署了另外一项法案——《所得税法》。法案规定，年收入超过3000美元者缴纳所得税，税率在1%到7%之间。至此，所得税在美国终于获得了名正言顺的地位。

用来说服最高法院修改宪法，承认所得税合理性的理由是：人们从属于自己的财产中拿出一部分来缴纳个人所得税，最能引起纳税人的"税痛"，最能增强其公民意识，这将使纳税人对税率提高都会极为敏感，并对政府如何使用税收的问题更加关切，因而也只有以个人所得税为主的税制结构，对于宪政民主的转型具有特殊的意义，有助于在私人财产权和国家税收之间构建起宪政性质的联系。个人所得税会加强人们对政府的监督，防止政府对税收的挥霍。这个推论获得了美国人的认可。个人所得税的缴纳和使用，成为美国式民主最重要的一部分。

为了让美国人了解税收和民主制度之间的重要关联，美国中学八年级的历史教学计划中，安排了税收在美国历史上的重要地位和历史沿革的内容。在高中历史学、经济学、社会学、政治学、公民学和商务教育等课程中，都设有关于税收的知识，解释怎样填写简单的纳税申报表，阐述美国税制与政治、经济制度变迁的关系。

在此后的历史上，税收政策也成为美国政治和经济发展的晴雨表。基本规律是，共和党上台通常会推行减税政策以刺激经济，民主党上台通常会加大对富人的征税额度以加强社会福利，在税收政策左右的摇摆之间，实现经济和社会的平衡。里根减税、克林顿增税，小布什减税、奥巴马增税，如此反复。

在所得税刚刚获得合法地位的时候，主要是向富人征收。经过近100年的演变，中产阶级成为纳税的主角，而富人则可以通过各种避税手段，免除他们应当缴纳的税收，这成为中产阶级的心病，也让不少富人不好意思，以至于连巴菲特这样的大富豪也呼吁"向我征税"。

同样的，在中国，当年为调节贫富差距而开始征收个人所得税，起征点定为800元人民币，一年下来正好是万元户的收入，至少在表面上起到了调节高收入的效果。但演变到现在，普通工薪族变为税收主体，而很难从真正的富人身上征到足额的税。

虽然开收了所得税,但在20世纪30年代之前,美国基本上是没有福利、贫民救济、粮票之类的政府收入再分配政策,也根本没有政府提供的社会保险计划。直到罗斯福上任,压缩贫富差别的政府政策才开始出现。

罗斯福总统在1936年大选前夕的麦迪逊广场花园演讲说:"(既得利益集团)已开始将合众国政府仅仅视为其自身事务的工具。我们现在知道,金钱集团把持的政府与暴民团伙把持的政府同样危险。"

罗斯福主政后,开始推行新政。其中在收入分配改革中所推行的"大压缩"政策毫不夸张地改变了美国因社会不公平而蹈入纳粹深渊的危险。

在"大压缩"政策的主导与实行之下,美国富人与劳工阶层的差距急剧缩小,到50年代,美国富人比例严重下降,中产阶级得到充分壮大,而且美国人民的生活也更有保障,拥有各种新型的福利,如医疗保险和退休金计划。

可以说,正是由于罗斯福政府推行的"大压缩"政策,同社会保障与促进就业两大举措并举,使得美国摆脱了大萧条的危害,并促使美国成长为一个以中产阶级为主的富裕国家。

美国的发展历程,绝不像有些人所理解的那样,一直在自由市场经济的光辉照耀下前进。美国的资本主义是被深刻改造过的资本主义,作为一个后发的工业化大国,美国的历史对中国的当下具有借鉴意义。

## 基尼系数与财税改革

世界上,印度几乎是唯一一个和中国具有可比性的国度,人口接近,文明古国。拿中国跟印度比,我们很容易找到优越感。在经济总量、人均GDP、经济增速、基础设施建设、人均用电量、人均用钢量等几乎所有的经济评价指标中,中国都遥遥领先于印度,但只有这一项——基尼系数,按照世界银行的统计数据,2009年印度是0.368,而中国是0.47!中国比印度高出0.1个百分点。当我看到这个数字时,我以为我看错了。

基尼系数是指在全部居民收入中,用于进行不平均分配的那部分收入占总收入的百分比。基尼系数在0和1之间,数值越低,表明财富在社会成员之间的分配越均匀。国际上通常把0.4作为收入差距的警戒线。一般发达国家的基尼系数在0.24到0.36之间。基尼系数在0.2以下表示绝对平均;0.2到0.3之间表示比较平均;0.3到0.4之间表示较为合理;0.4到0.5之间表示差距较大;0.5以上说明收入差距悬殊。

根据2009年世界银行报告数据,1960年代,我国基尼系数大约为0.17~0.18,1980年代为0.21~0.27,从2000年开始,我国基尼系数已越过0.4的警戒线,并逐年上升,2006年已升至0.496,2007年达到0.48。

世界银行报告同时显示,最高收入的20%人口的平均收入和最低收入20%人口的平均收入,这两个数字的比在中国是10.7倍,而美国是8.4倍,俄罗斯是4.5倍,印度是4.9倍,最低的是日本,只有3.4倍。

为了缓解公众对于基尼系数过高产生的担忧,著名学者厉以宁教授曾经提出过著名的"加权平均论"。他认为由于中国幅员辽阔、人口众多、特色明显，所以中国的基尼系数应该城乡分开计算，再加权平均，这样算出来的数据就要好看得多，基本接近于挪威、瑞典等北欧国家。

这种推论相当于：一个考试不及格的学生，通过对考题类型的分类分析得出自己的加权成绩应该是85分，然后向家长交差。

中国社会收入不公平的局面必须进行改正。要想改正，必须先从两个领域入手：一个是坚定不移地进行财税体制改革，通过财税体制向特权阶层开刀；二是加紧构建新型福利社会，减少国人后顾之忧。

当下的中国，主张多元，观点纷乱，只有少数社会共识：一是贪腐横行，二是贫富分化严重。抓住这两个共识，从这里下刀，既顺乎民意，又有现实的可操作性。相对而言，贪腐的原因和中国经济发展方式紧密相连，根除难度要高得多。而从缩小贫富差距入手，则可执行度更高。改革税制，尽快征收房产税、遗产税、奢侈品消费税，剥夺不法财富和浮财，此为正道。

现在无论是体制内还是体制外的精英，都积极混淆"企业家"与"富人"的本质区别，在税收制度上一锅烩，不区分企业税负和个人税负，以保护企业家的名义，保护富人在房产投资和奢侈品消费上的利益。

其实企业家群体和富人群体，虽然有一部分交叉，但本质上是两类人。那些把财富大都放在厂房、设备、流动资金上推进生产流转的是企业家，那些把财富基本隐匿于房产、奢侈品、理财账户上的才是富人。很多富人的钱不是通过经营企业获得的，所以必须通过税制设计，向富人征更多的税，或者逼迫他们把钱投入实体经济领域。税制改革就是要朝着这个方向走。

目前的财税制度，已经基本丧失了以税收调节贫富差距的功能。财政税收体制如果不进行彻底的改革，收入分配不公平、房屋价格持续上涨、房地产暴利、农民收入过低、资源浪费性使用等一系列问题就会进一步恶化。由此已经导致巨大的社会问题，社会矛盾丛生，政府的公信力严重降低了。

**资源红利**

在北京，来自山西和内蒙古的"煤老板"是炒高房价的一支重要力量。不少售楼小姐都经历过貌不惊人的煤老板用整箱的现金买下一个单元或者整层楼房的场面。

在国内，依靠开矿获得的资源红利让许多地区和许多人一夜暴富，催生出一些畸形城市和富人。在相当长的一段时间内，贱卖开矿权成为一些偏远落后地方解决财政问题的灵丹妙药。这种贱卖，往往和权力贿赂结合在一起。在开发过程中，矿主和部分官员掠获了大量财富，而国家和普通民众只获得了少量收入。社会不公、贫富差距在这些地方已经发展到触目惊心的地步。

将开矿权贱卖给私人企业，直接导致资源的掠夺性开发。矿主在开发中往往寻找那些容易开采的矿脉，不愿意投入资本对矿产进行深度开发和综合利用。同时，由于矿产开发的天然外部性，矿主在开发中不注重环境保护，导致当地污染严重，山河破碎，污水横流。

一些国有大型企业虽然在资源节约和污染治理上有较高的水平，但由于目前我国尚无专门的适用于资源开发的补偿制度，尽管富得流油，却并没有因此而承担更多的社会责任。

要想让企业与公众社会分享"资源红利"，不能仅仅依靠企业自身的觉悟，还需要相应的法律、制度方面的设计。通过法治的手段，通过制度架构，让企业在开发资源时负起相应的社会责任，分利于民，才能从根本上解决问题。这方面我们可以借鉴西方国家的成功经验。

西方发达国家虽然也经历了无序开发矿产的阶段，但后来都认识到矿产开发的特殊性，通过法律确认矿产的公共属性，通过税收来让全民分享矿产红利而不是分担矿产开发带来的环境破坏。

日本的矿业法规定，如果矿业开发活动将危及人身健康，破坏公共环境，明显侵害公共利益，则国家有权缩小其开采区块或撤销矿业权。

美国《露天采矿治理与复垦法》也明确企业责任，申请采矿权必须先提交一份完整的复垦计划并附带缴纳足额的保证金，同时强调复垦必须与采矿同时进行。

可以说，行政管制与经济激励措施相结合，以保障资源开采过程中生态环境补偿的实施，在当今世界已是大势所趋。

和发达国家相比，我国对资源税征税对象规定的义务范围太窄，负担过轻。对属于全民资产的矿产设计更加合理的开发和税收机制，既是保护资源和环境的重要举措，同时也是缩小贫富差距的重要途径。

### 收入倍增

一个充满讽刺的事实是，如果我们把劳动力当成一个纯粹的初级产品，不给它加上技能、智力、组织管理、生产资料等外在因素带来的增值部分，纯劳动力的价格十年来增长缓慢。

全国总工会一项调查显示，23.4%的职工5年未增加工资，75.2%的职工认为当前社会收入分配不公平，61%的职工认为普通劳动者收入偏低是最大的不公平。这些数字可以佐证我上面的判断。

现在的中国是一个充满了机会的时代，但它的缺陷是没有给予那些勤劳而老实的人太多改变命运的机会。而这些人占据了人口的最大份额。所以我们也就不难了解，为什么我们的医保制度、社保制度推行得如此迅速，但内需的增长依然显得如此缓慢。高收入阶层的收入大部分会重新进入投资领域，而低收入者的收入才会迅速地转化为消费。低收入者收入水平增长缓慢，以消费拉动经济的愿望就永远是一厢情愿。

因此，增加普通劳动者的薪酬性收入，既是一个社会公平的问题，也是中国经济持续发展的问题。在投资过剩、出口受阻的情况下，除了让国内消费市场真正启动以消化过剩产能，别无他法。

因此，中国在积极推进社会保障进程的同时，应该向当年的日本学习，积极推进自己的"国民收入倍增计划"，使普通工薪劳动者的收入水平能够尽快有比较大幅的增长。

由于金融危机的不期而至，增加劳动者收入的努力在实际执行中被基本放弃。但低劳动成本换来的是产业结构调整和内需启动的迟滞，劳动力薪酬收入低带来的问题更加严重。此时，出台中国的"收入倍增计划"已经刻不容缓。

## 促进就业

低收入阶层收入能够增长，靠的是就业。没有充分的就业，贫富差距只能进一步拉大而不是缩小。在中国这么一个人口超级大国，就业难题千万不可低估。"就业总量压力和结构性矛盾并存"是写入政府报告的中国经济面临的九大困难之一。

在我看来，中国在今年以及最近的几年中，在就业方面所面临的挑战，较之以前更加复杂和棘手。

"十二五"规划中，提出五年年均要新增城镇就业900万人，五年共4500万。同时转移农村劳动力800万人，这是总量的压力问题。

900万的数字来源于最近几年新增城市就业人口的计划。但从实际完成情况看，2009年，全国城镇新增就业1102万人，为全年目标900万人的122%；2010年，全国城镇新增就业1168万人，为全年目标900万人的130%；2011年，全国城镇新增就业1221万人，为全年目标900万人的136%；2012年，全国城镇新增就业1266万人，为全年目标900万人的140%。

也就是说，如果这几年不是超额完成计划，而是仅仅实现900万的就业指标，那么这4年全国城镇上就有可能增加1111万的城镇失业人口！

过去几年年新增的就业人口大多是1988年到1992年间出生的人口，

按照中国统计年鉴，这5年出生了1亿人口，平均每年2000万，而1993年到1997年出生的人口大体也是平均每年2000万。也就是说，在相当长的一段时间内，平均每年将有2000万人口进入就业市场。

有关部门按照现有46%的城市化率，计算出了每年900万的数据。但按照这两年的实际统计数据，每年1100万以上的城镇人口需要就业才是真正准确的数据。也就是说，在下一个5年内，需要安排的城镇就业人口至少是5500万而不是4500万，如果仅仅按照计划完成就业人数，将意味着有1000万新进入劳动力市场的城镇人口没有工作。

另外，每年新增2000万劳动力中，剩下的那1100万，5年共5500万，属农村户籍。很难让人相信，九零后的农村户籍人口中只有800万——也就是15%会转移到城市中，而剩下的85%会继续务农。而按照我的看法，结果可能恰恰相反，今后的几年，会有85%以上的农村适龄人口通过各种方式进入城市。两项相加，5300万的城镇就业计划，根本无法满足新增劳动力的就业需要。

这才是真正的所谓总量压力。如果就业人口不能大幅超过现有计划，其结果将是灾难性的，必将影响社会的稳定。

再来看结构性矛盾。2011年春节前，我曾经向一位到办公室送快递的小伙子打听他这个月的收入，尽管有一定的心理准备，我还是被他这个月能挣五六千元的工资震住了，这说明网上让众多小白领感到"杯具"的那段对话是有点依据的。在那个段子里，送快递的小伙子愤怒地向怀疑他私吞了快递邮件的"欧非斯"小姐说：我一个月挣一万多，会贪你两三千的小玩意儿？不过月收入过万或者五六千元，都是极端情况下的个案，但平均月收入三千元还是有的。其实这是一个重要标志——重体力劳动的收入全面超过大学本科毕业生。虽然这是发达国家的一种常态，但重体力劳动收入提高得如此之快，还是让人感觉意外。

但显然，这是一个很容易解释的现象。连续几年来，每年都有当年出生人口的三分之一以上的人口，进入到高等学校上学，而且绝大多数都还是本科。而基础设施建设的大规模开展，物流、制造等行业对精壮劳动力的需求不断加大，新的"体脑倒挂"开始出现。

按照总理在《政府工作报告》中的表述，今后五年，要适应我国劳动力结构特点，大力发展劳动密集型产业、服务业、小型微型企业和创新型科技企业，努力满足不同层次的就业需求。而所有这些就业安排都不是大学生，尤其是本科大学生们的理想就业去向。虽然从长远看，转型后的中国经济，将向大学生提供更多适合的就业岗位，但在最近的几年，就业岗位和就业人口学历背景的巨大差距，还将不断加大。这就是所谓的结构性矛盾的主体。

总量压力和结构性矛盾并存所产生的双重压力，将成为最近几年中国就业市场的突出特点，对此，需要决策层有更加清晰的认识，而不要让过去的数据惯性影响对这一重要问题的决策。

## 最低工资标准

来自官方的正式表态说，在"十二五"期间，我国要努力实现职工工资每年增长15%，这样，就可以在"十二五"期间实现职工工资五年翻一番的目标。这算是一个迟来的，被千呼万唤的中国式的"国民收入倍增计划"。

人力和社会保障部的领导给出的路径是，以提高企业普通职工工资水平为核心，进一步深化企业工资分配制度改革，努力扩大工资集体协商覆盖范围，加快建立企业工资正常增长机制，实现企业职工工资增长不低于企业经济效益增长，企业一线职工工资增长不低于企业平均工资增长。

但人们有理由怀疑，这些设想只能在国有企事业单位得到比较好的贯彻。在外资和民营企业中，人家总要依据劳动力的市场价格和自己的经济效益来制定员工的工资标准。你不可能给每家企业都强行制定一个工资增长的百分比。

历史已经反复证明，强行为劳动力定价是一种摧毁生产力、降低效率的最有效途径。所以，尽管在我们的规划中明确了非常具体的努力方向，但是真的要实现这样的目标，还是要找到合适的工具。

现在看来，最低工资的调整是我们能够找到的唯一工具。将最低工资制度和职工工资增长直接挂钩，即要求各地最低工资增长速度不低于国家"十二五"规划中明确订立的每年15%的目标，这样才能凸显国家增加职工收入、减小贫富差别、追求社会公正的决心。

## 中等收入陷阱，绕得过去吗

"中等收入陷阱"的概念最早出于世界银行的一份报告。世界银行2006年发布的《东亚经济发展报告》提出：在20世纪后期的工业化浪潮中，鲜有中等收入的经济体成功地跻身为高收入国家。很多国家往往在经历一段时间的高速增长之后，便陷入经济增长的停滞期。它们既无法在工资方面与低收入国家竞争，又无法在尖端技术和现代服务业方面与富裕国家竞争。

通俗来讲，中等收入陷阱是指，当一个国家的人均收入达到中等水平后，由于不能顺利实现经济发展方式的转变，导致经济增长动力不足，最终出现经济停滞的一种状态。

按照世界银行的标准，2010年中国已经进入中等偏上收入国家的行列。而巴西、阿根廷、墨西哥、智利、马来西亚等国家，分别在20世纪70年代后均进入过中等收入国家行列，但之后这些国家无一例外地陷入中等收入陷阱，挣扎在人均GDP 3000至5000美元的发展阶段，并且看不到跳出陷阱的希望。

一旦跌入中等收入陷阱，在经济快速发展期积累的矛盾将集中爆发，原有的增长机制和发展模式无法有效应对由此形成的系统性风险，经济增长容易出现大幅波动或陷入停滞。

对大部分发展中国家来说，中等收入陷阱如同一个摆脱不掉的梦魇。

在快速发展阶段，几乎每个国家的国民都享受到自己国家"改革开放"的硕果，人人从经济发展中获得好处，但在发展后期，大部分国家都会出现财富向少部分人聚集的现象。这些国家的政府如果不能摆脱利益集团的胁迫，依照自由市场经济的发展规律，就必然被"马太效应"所左右，必然出现贫富的分化，也就必然会落入中等收入陷阱。

在许多拉美和东南亚国家，体制变革受到利益集团羁绊，严重滞后于经济发展，他们反对在社会结构、价值观念和权力分配等领域进行变革。财富过度集中，寻租、投机和腐败现象蔓延，市场配置资源的功能受到严重扭曲。同时受西方新自由主义影响，宏观经济管理缺乏有效制度框架，政策缺乏稳定性，政府债台高筑，通货膨胀和国际收支不平衡等顽疾难以消除，经济危机频发造成经济大幅波动。每一次波动都成为一次对低收入人群的洗劫，贫富差距也就越来越大。

中国已跻身中等收入国家行列，中国可以成为少数几个绕过中等收入陷阱的幸运国家，还是如同大多数发展中国家那样跌入陷阱？

随着人口红利的结束，中国经济的要素成本快速上升，比较优势正在弱化，"低工资、低人权、高消耗"的传统发展模式难以为继。

从中国经济的最强项——制造业来说，企业普遍大而不强，没有成长出一批创新能力强、品牌价值大的企业。企业普遍缺乏核心竞争力，关键技术靠国外，主要占据产业链低端。与此同时，过于倚重投资驱动，环境压力增大。为了追求超高速增长，直接带来了资源透支、产能过剩、排放过量、生态环境恶化等问题。居民消费率长期偏低也是另外一个大问题。

在社会层面上，社会事业与经济建设不匹配，居民收入增长赶不上GDP增长，民生改善明显滞后，"国强民不富""幸福指数不够高"是居民的普遍感受。同时收入分配失衡，贫富差距拉大，仇官、仇富等情绪普遍，社会矛盾触点密、燃点低，群体性事件增多。

相对乐观的观点认为，中国现行的政治体制与拉美等一些曾经掉进中等收入陷阱的国家完全不同。政治上相对安定，不同阶层之间的裂痕尚未完全撕开，利益集团对政权的全面裹挟尚未形成。同时，人才总量巨大，本土市场巨大。作为一个幅员辽阔、发展不平衡、市场潜力大的发展中大国，中国仍具备持续增长的基础和条件。

按照国务院发展研究中心副主任刘世锦的判断，就中国的增长形态而言，落入拉美、东欧一些国家那种中等收入陷阱的可能性很小，除非出现重大挫折或反复。不过，在中国经济增长"自然回落"以及回落后转入新增长期的过程中，将会面临特殊的矛盾和问题。

但在笔者看来，这个判断有点过于乐观。虽然我基本认同中国所具有的优势，但所有的这些优势能否成为优势，取决于决策者是否清晰地认识到贫富差距的拉大与中国经济增长的可持续之间的关系。对这一现实的理解，决定了下一步改革的方向和步骤。过多地强调先做大蛋糕，再分配蛋糕，有可能错失解决"分蛋糕"问题的最后时机。不解决收入分配的问题，就不可能解决下一步中国经济的拉动问题。一旦中国经济遭遇"硬着陆"，中国将不可避免地掉入中等收入陷阱。

## 高房价拖累中国梦

中国30多年的经济增长,最终的结果是——财富都附着在了房子上。

房子如同一个巫师手中的水晶球,一方面折射出社会万象的光怪陆离,一方面如同魔术般地改变着人们的财富分配。房子让先富起来的人群更富了,因为他们之前有钱买房子,后来有钱炒房子。房子让原来就穷的人更穷了,他们需要勒紧裤带存钱买房,但房子却离他们越来越远。房价高涨,既是贫富差距拉大的原因,也是结果。

2007年,两位外企高管同时拿着公司的高额遣散费——将近100万元离开公司,其中一位公认的炒股高手全部买了股票,另一位付了两套房子的首付。

几年时间过去了,结果大家猜得出来——买股票的仁兄资产剩下了30万,而买房那位的资产达到了上千万。

这个传奇故事就发生在我的身边,而在过去的几年,每个住在大城市的人身边都曾经发生过这种故事。买房不买房,重新划分了财富阶层。

不断快速攀高的房价,已经成为压在众多中国人尤其是年轻人心头的一块石头。外媒评论:"中国年轻人已经被高房价拖累得失去梦想与活力。"可以说,高房价不仅是经济顽疾,而且已经成为严重的社会问题。

对地方政府来讲,推高房价虽有利于GDP的增长,同时房价高涨必然导致地价高涨，极大地充实了地方政府的财力，但这无疑推动了生产成本的快速上升，导致实业空心化加剧，这种饮鸩止渴、竭泽而渔的发展方式难以持续。

房价持续大幅度上涨，迅速消耗宝贵的居民储蓄资金，使储蓄资金迅速转变成不能再生产的"死资产"，甚至是"有毒资产"。

房价的大幅上涨，无疑将增加还贷压力，使个人和家庭的消费结构出现扭曲，进而导致整个社会的消费力下降。

从全国范围来看，相当多的城市房产租售比超过1∶500，已严重超过了租售比警戒线；很多城市投资自住比已超过50%，大片已经出售但无人居住的住房成为城市里新的风景。

**越调越涨的魔咒**

残酷的现实是，在北京等一线大城市，越来越严苛的限购政策，依然没能压制住蹿起的房价。

2013年4月，统计局发布的70个大中城市的数据显示，新建的商品住宅和二手住宅价格，环比上涨的城市分别有67个和66个。虽然楼市调控政策不断加码，但是房价却没有停止上涨的脚步。

十年来的每一次房地产调控，都带来房价的报复性上涨。稳房价，难点到底在哪里？

更令人担忧的是，大家对房价的预期，由原来的有分歧变成了现在的已达成共识——在大城市，尤其大城市的核心区域，房价要涨这是不用怀疑的。同时开发商也达成了共识，以前还在犹豫。最近在北京的通州，两块地，拍溢价达到了230%，楼面地价已经比旁边在售的楼房售价更高了，也就是说，面粉的价格已经高于面包。

原来大家还有分歧，现在经过一段时间的调控，经过各种表态之后，大家反倒达成了这样一个共识，最低预期由原来有分歧的预期变成现在有共识的预期。在这种情况下，房价肯定还会持续上涨。

而且越是一线城市涨得越多，对于二、三、四线城市可能存在的泡沫，大家有一定的警醒。对于北上广这些所谓一线城市来说，房价上涨的趋势已经注定。

另外，我觉得还要加一点宏观的因素。从去年来看，货币增量的幅度是明显的。而且我们讲一般投资，一个是所谓的基础建设投资，第二个是房地产投资。在这12个月里，基础建设稍微被国家压下去了一点，房地产有"国十条"压在那，但是正好赶上货币的增加，使得大家真的有钱了，但房价都没涨，经过12个月的酝酿，70个大中城市开始每个月涨一点，原来是纯粹的空想，现在变成了一个现实的预期。

严格调控是刚刚开始。记得2010年"国十条"出台的时候，大家还观望，过了半年以后，才发现来真的了。所以，我们不能期望，今天政策宣布以后，明天就一定会有一个预期的结果，因为老百姓和开发商都会看这个政策能不能持续下去。

而且，房价上涨的压力长期存在，主要是在于两个制度性的缺陷：一是财富过度集中，简单说就是少数人太有钱，他们的购买力是房地产价格上涨的主要推动力；二是土地制度的缺陷。如果这两项制度不做根本性改变，中国房价上涨的动力就会一直存在。

## 房价高是因为税费高吗

对于高房价，地产商和靠地产吃饭的学者和媒体一直有一个理直气壮的借口：税费高导致了房价高。果真如此吗？

据统计，2012年房地产商每赚1元钱利润，交税1.02元。这个数字被作为媒体的通栏标题，用来证明税费导致高房价。这个数字乍一看的确挺高，但是我们再去看看其他企业的情况。

2012年A股全部上市公司的总利润是19544亿元，实际缴税额是22233亿元，计算一下，A股上市公司平均净利润和纳税额的比例是1比1.12。也就是说，上市的房地产企业所交的税，比起所有上市公司的平均缴税来，还要低些。

事实上，在很多城市，当地政府为了鼓励地产商拿地，在税收上是有优惠政策的。很多地方政府是以极低的税率，比如说按照1%或2%的税率在征缴。

地产大亨任志强曾在一次论坛上拿房价和女人的胸罩作比较。胸罩那么小的面积，为什么也可以卖那么贵，房子为什么不能卖得贵？这种强词夺理的辩白混淆了消费品和投资品的区别，混淆了普通工业品和不动产的区别。

事实上，虽然土地价格不断攀高，由于房价总体的上升，在大部分城市的大部分地块上，由于拿地时间和卖房时间有两三年的时间差，大部分房地产商都获得了巨额的土地增值收益，而这部分收益只缴纳了极低的税率。这才是地产商赚取的最大一块利益。

开发商获得这块利益的前提是房子有更大的需求，所以制造"房价永远涨下去"的舆论环境，也就自然成为房地产商获取高额利润链条中的一个环节。反之，即"房价永远涨下去"的传说不再存在，人们按照合理自住的需求来买房子，房价自然会回落，开发商土地升值收益这一块的利益就无法体现了。所以，税收推高房价说是站不住脚的。对于房价一直上涨的普遍预期，才是推高房价的真正原因。

## 日本的教训

高房价让人联想起日本经济神话的破灭。

统计数据表明，以2010年第二季度的GDP统计，中国已经正式超过日本成为世界第二大经济体。对于这一名次变化，最敏感的恐怕就是日本经济界了。过去的40年，日本一直占据着世界经济老二的宝座。当年堪称豪迈的"日本第一"的憧憬没有实现，现在反倒被中国超过，内心当然是五味杂陈。

日本经济增长速度大幅放慢，根本原因是上个世纪80年代末产生的泡沫经济，以及泡沫破裂后带来的后遗症。而房地产泡沫正是泡沫经济中最大的泡沫。

1985年，日本在美国的压力下签订《广场协议》，日元被迫大幅升值，出口受阻。1986年4月，日本出台了著名的《前川报告》。这份以

"国际协调经济结构调整研究会"会长前川春雄之名命名的报告,核心诉求是扩大内需。报告指出,在第二次世界大战后形成的以出口导向为主导的经济发展战略要通过改变经济结构,实现可持续增长。"出口受阻""扩大内需""调整结构",经济转型的逻辑甚至用词,都和30多年后的中国如此相似。

新的经济预期,带来实体经济里积累的大量财富或主动或被动地流入房地产市场,银行推波助澜,提供大量的低利率贷款和多种融资渠道。强大的流动性,加上过去20多年日本地价一直以超过GDP一倍的速度增长的事实,使房地产价格持续上涨,仅1988年一年的上涨幅度竟达到61%。虽然政府一再提醒风险,但没有人相信房地产会下跌,银行连续5次调高利率,丝毫不能改变人们的判断,那些上涨的利息相对于房价上涨的溢价来说,连个零头都算不上。

直到1990年4月,日本央行开始实施"总量控制政策"。所谓总量控制,就是每家银行面向房地产的贷款增加速度,不能超过全部贷款余额的增长速度。银行的刹车最终让日本房地产这辆"跑飞车"的列车停了下来。

此后日本经济一蹶不振,进入"失去的十年"。日本学界的主流看法是:房地产泡沫的破裂,是导致日本经济下滑的主要原因。

那么,如果政府不加干预,任由房地产泡沫继续放大,结果会是怎样呢?大多数人认为会更惨。调控进行得太晚了,而不是不应该进行。

普通百姓开始大量参与投机,是泡沫即将破裂的典型征兆。从1637年荷兰的郁金香到1929年纽约的股市,再到1991年日本的房地产,概莫能外。一个最典型的案例是,在最狂热的1988年和1989年,日本产生了大量的"买房合作社",在大城市,房价上涨导致大部分普通百姓已经不可能付得起首付,家庭主妇们就组成合作社集资买房,并且最后发展出几十万个入股炒房的股份公司。

近些年,在北京生活的浙江人已经开始采用这种方式炒房了。所谓坐飞机去异地炒房,那是部分有钱人的游戏,其实对房地产的发展并不会产生多大危害。恰恰是不富裕的人参与到炒房的队伍中来,才孕育着真正的风险。他们抗风险的能力很弱,一旦出现风吹草动,很容易割肉抛售,产生连锁反应。如今,整个中产阶级、整个工薪阶层,已经被整体卷入到买房的热浪中去。房子不断涨价,引发了全社会的普遍焦虑。已经有房子的怕失去更好的机会,没有房子的担心现在不出手将一辈子租房住。

这种浮躁情绪,在酝酿着大危机的同时,也在破坏着人们眼下的心境,使人们长期形成的一分耕耘一分收获的价值观发生动摇。这种动摇,破坏的是整个社会的根基。

推究高房价的原因,每个人都可以说出很多。其中,前赴后继投身于炒房热潮的人们,包括受他们影响的大众,对房价的预期,推高了房价。如果大家都不认为房价未来会上涨,谁还肯把自己的血汗钱砸进楼市?其次,政府4万亿的刺激计划导致流动性过高,也直接推高了房价。

中国的房地产市场正在步日本的后尘。

### 房产税管用不

除了北京等几个一线城市，限购使大部分城市快速上涨的房价趋于平稳。但限购显然是一种反市场的行政行为，只能在特殊阶段起作用，不能长期实施下去。取代限购政策的最好办法，就是开征房产税，让主要用于投资的多套房屋的拥有者承担长期的持有税。

国外的实践证明，房产税对房价的抑制是有明显作用的。举一个例子，我在美国纽约州看到了一个很漂亮的房子，售价90万美元。而这所房子一年所需缴纳的税高达5万多美元。每年交5万美元的税费，对于投资客来说是一个相当大的负担，所以房东才急于低价脱手。

在美国，房产税收是最重要的地方财政的来源，州立大学的经费基本来源于房产税。当然，结合中国的实际，对普通自住性住房征收房产税显然是无法执行的，会遭到绝大多数人的反对。但只要通过全国性的房产登记制度，摸清每个家庭拥有房产的情况，对拥有多套住房或者住房总面积过多的家庭征收房产持有税，既能得到大部分民众的支持，也具有可操作性。一旦把征收房产持有税的路线图和时间表制定下来，房价持续上涨的预期一定会受到重创。

房地产税的征收，绝不应仅仅看作是调控房地产市场的另一项手段，而是让税收调节贫富差距的功能重新起作用的根本性改革。

作为全世界普遍通行的主要税种，个人所得税既是国家财政的主要来源之一，也是调节社会贫富差别的重要手段。但在中国，虽然个人所得税开征时的主要目的是后者，现在则基本上只起到了前者的作用。

广大普通工薪阶层缴纳的所得税占到了所得税总额的50%以上，所得税"劫富济贫"的功能基本丧失。而税务部门又找不到能够让真正的富人多缴税的可行办法。这也是中国社会贫富差距越拉越大的主要原因之一。

具体到房地产领域，则导致一方面住房供应面积和保有面积不断增长，另一方面，大量住房长期空置，并最终成为房价持续快速上升的重要因素。

而现在看来，从住房持有环节征收所得税是我们目前可以找到的几乎唯一切实可行的途径。从可操作层面考虑，拥有住房的手续繁杂、金额巨大，利用亲友的名字隐匿房产所可能带来的法律风险很大，大部分都是以家庭内部成员的名义持有。

从技术角度看，每一套住房都有完备的登记制度，实现住房登记的全国联网，并且和户籍系统联网，实现"金房工程"的技术难度并不大。就目前国人持有财产的习惯来看，住房的拥有水平基本上和其财富拥有水平成正相关的关系，这样比较容易获得家庭财富的真实数据。剩下来的问题主要存在于具体的征收环节，在技术手段跟上来后，相信可以找到公平、公正的办法来解决。

征收房产税，还可以很大程度上改善地方政府财税收入结构，减少地方政府高度依赖土地财政的格局，使地方政府有一个稳定的收入来源，对于地方政府炒高地价的冲动，起到一定的遏制作用。

但征收房产税的仅仅是开始，接下来的问题会更烦琐，比如，征收房产税所涵盖的范畴是怎样的，如何避免隐匿房产现象的出现，所收房产税该怎样用于救济足够多的穷人，是否有助于地方政府不再依赖于土地财政，等等。这些问题的解决，都需要更多深层次的思考以及更细致的技术操作。

总之，房产税一定要放在税制体制改革，甚至整个中国经济发展的大框架下综合考虑，不是只当作平抑房价过快增长的一个行政手段。这一步棋如果走好，不但有助于解决房地产领域的问题，更能成为调节贫富差距的一个主要手段，对中国社会和经济的健康发展起到积极作用。

## 让每一套房子有人住

限购令一出，大量的非本市户籍人士在他们生活、工作的城市将不再拥有买房的权利。租房，将是他们唯一的选择。

从各方提供的数据看，房租的上涨已经成为普遍现象。限购令的初衷是减小需求，如果只考虑即将进入市场的新房，而且这些新房以以往的速度推向市场，那么随着供求之间数量的变化，房价下行的空间已经打开。

那么限购令对于二手房市场会产生怎样的影响呢？显然，不管有没有北京户籍，好不容易取得的在北京拥有两套、三套乃至更多套住房的人们，会产生惜售心理，毕竟那些房子不仅仅作为一笔财富，而是一种被法律认可的权利，不到万不得已，谁会轻易交出这种权利呢？也就是说，二手房市场的供应会减少。总需求降下来了，总供给也降了下来，在以二手房供应为主的城市主城区，房价短时间内降下来的概率并不大。

那么房子不进行交易后，是否会全部进入租房市场，导致房租有所下降呢？限制外地人购房的基本逻辑是：不在本市生活和工作的外地人，购买了大量的住房用于投资和投机，这是事实。但因为业主不在北京居住，将房子出租就成为麻烦，这是其一。其二是，那些用来投资的房子大部分是毛坯房，房主没有精力装修，也就不能形成有效的住房供给。其三，有不少投资型的住房是位于黄金地段的高档精装修房，且很多是大面积的豪宅，这些房子，要么业主不舍得出租，要么不适合出租，也不能形成有效的住房供给。

除重庆对高档住房收取房产税外，在已经公布的各城市的限购令中，完全看不到任何推动存量房进入租房市场的政策。很多三级城市已成为一片鬼城。

在瑞士、法国、德国等发达国家，大城市中超过50%的人通过租房解决住房问题。这些国家除了通过法律对租房者权益提供全面的保护，还通过向闲置房征税的方式推动住房形成有效供给。两德统一后，大量前东德居民进入西德找工作，居高不下的房租阻挠了这种流动。德国出台法律，鼓励租房者检举常年空置的住房，如果检举属实，政府将强令住房拥有者出租住房，检举者将获得优先租住权。在这一政策的推动下，大量空置房进入租房市场，房租应声而跌。直到现在，德国依然是公认的解决住房问题最成功的国家。

从目前我国各地出台的政策看，一方面在降低需求的同时也降低了供给，另一方面对大量的空置房毫无作为。很有可能导致这样的结果——房价没有下跌，但租金却不断上涨。人们不但买不起或是没权利买房，甚至连租房也变得困难。

最后的结果是，人们只能被迫回到原籍，人口流动数量大量降低，大城市服务价格飙升，居民生活水准下降，并最终导致经济活力的丧失。

## 土地制度改革迫在眉睫

农村的地归农村集体所有，城市的地归全民所有。城市扩张需要用地，由政府向农民集体征地，给予补偿后变为城市用地。要搞商品房开发，开发商需要从政府手中竞拍土地。这是目前我国的基本土地制度。在这种制度约束下，农村土地，不论是耕地、荒地、林地还是集体建设用地都不能私自转让给城市市民。

这种制度的好处是，保护了用于粮食生产基本耕地的18亿亩红线，保住了进城务工农民依然拥有耕地和住房，防止城市出现大量贫民窟。同时不让近郊农民独占土地增值收益。

但这一制度的缺陷也十分明显。一方面农村富余宅基地和建设用地不能有效地为城市提供住房。另一方面土地不能转卖、抵押成为农民进城的原始积累，资源不能通过市场获得有效配置。同时在农村土地征收过程中，农民缺乏谈判权，导致被征地农民的利益不能得到有效保护，引发暴力强拆和暴力反强拆，影响社会稳定。

中国要全面推进新型城镇化，除了"人的城镇化""提高城镇化质量"之外，绕不开一个重要的话题，就是土地从哪里来？土地收益的蛋糕怎么切分？

对于农村土地的开发，地方政府往往希望通过"新村改造""增减挂钩"等工程，置换出一些用地指标，多腾出土地变卖。而对于农民，虽然大部分希望过上城市的现代生活，另一方面，又充满了焦虑与不安，担心无法完全适应城镇生活，今后的生活无保障。

在2013年年初召开的全国国土资源管理工作会议上，国土资源部部长徐绍史表示，新的土地开发与利用的路径可以概括为"1+8"组合政策："1"是"增量计划"，"8"分别是"农村土地整治、增减挂钩试点、低丘缓坡开发、工矿废弃地复垦、城镇低效用地再开发、闲置土地处置、科学围填海造地和未利用地开发"。

但从操作层面来看，农村土地整治与城乡建设用地增减挂钩的实验中，很多地方出现了擅自扩大挂钩实施规模、违背农民意愿拆村并居、强迫农民集中上楼、侵犯农民土地合法权益等问题。

"要地不要人"是不少地方政府在解决土地紧缺问题时的惯性思维。在他们看来，更多的农民进入城市，会给城市增加超额的住房需求、基础设施建设成本、社会保障成本。

要解决土地问题，城乡二元户籍制度是一个绕不过去的门槛。

1958年开始，中国实行城乡二元的户籍管理制度。这本来是一项保证城市粮食供应的政策，但却被一直保留了下来。在上世纪90年代，随着粮食供应的问题逐渐解决，人们一度认为户籍制度很快也会自然消失。但事与愿违，城乡二元户籍制度不但没有消亡，由于附着在户籍上的利益越来越多，户籍制度从某些方面呈现出越来越牢固的趋势。

户籍制度迟迟不解决，缘于大量的农民进城将增加城市的压力。由于我国农民工大部分呈现跨省远距离流动的现实，农民工流入地的城市更愿意使用青壮年农民工的劳动力，而不愿意担负他们的社会保障。地方政府，尤其是沿海发达地区的地方政府，对于取消城乡二元户籍制度缺乏动力。没有中央"顶层设计"的强力推动，很难指望地方会自动尝试户籍制度的改革。

户籍制度改革的关键，在于从中央层面启动有效的土地制度改革，全面降低农民工举家迁移并顺利在城市定居所需成本。

# 第二章

# 打造健康的金融圈

## 替人抢劫自己，荒诞却真实

中国正在从制造业大国，走向金融大国。

一个健康的金融圈，不仅会使中国人的创造力获得旺盛生长的温床，保证国内的财富再分配最大限度地公平，还将保障中国在世界财富的再分配中获得最上游的位置。

古代，勤劳的人们赚了钱，有人购置物件，有人存入钱庄吃利息。在贵金属本位时代，通货紧缩比通货膨胀更容易出现，因此，总是喜欢存钱的人易发财。

但在纸币时代的今天，这个逻辑基本反过来了，喜欢存钱的，远不如喜欢花钱的发财快。不仅如此，如果纸币创造太快，到银行存钱，就不仅是不发财，而是亏损，甚至是在替他人抢劫自己。

假如在2000年，北京某人到银行存了10万元钱，每年利息5%，10

年后，这10万元变成了16万。当年的房价是0.3万元/平方米，10年之后，房价涨到了3万元/平方米。10年前，他这10万元，能买30平的房子一室一厅，10年后，只能买3平方米，也就是一个厕所。

他的那一室哪里去了？从某种意义上来说，是被他自己的存款抢劫了。

这个过程是这样的，银行拿到了他的存款，会根据存款，来发放贷款给开发商、购房人以及投资者，银行发放贷款的过程，实际上是在创造货币。创造多少货币，则要根据存款准备金率来决定。

假若存款准备金率是20%，银行第一次可以贷出8万，这8万元一般会接着被贷款人或者其他人存入银行，然后银行又可以贷出6.4万，一直循环下去。最终，那笔原始的10万元钱存款，累计就可以创造50万元的贷款。

每次银行贷款之后，社会上总体的货币就会多一些，货币一多，房价自然就要上涨。当货币创造的速度远超过物质财富的增长速度时，到银行存款的人，就吃亏了。

从个人投资方面来说，这位朋友是做得不够好。但是，从整个社会来说，这就不是不够好的问题了，而是财富重分配的问题。

从过去的现实来看，往往越是穷人，越是到银行存钱，而越是富人，则越是喜欢到银行贷款。随着银行货币创造的大爆炸，资产价格大幅度上涨。而穷人拿的往往都是货币，富人则借来货币购买资产。结果就是穷人越来越穷，富人越来越富。

对这种情形，世界银行前高级副行长、经济学家林毅夫曾经说：

"穷人把钱存入银行，实际上是补贴富人。"这是客气的说法，实际上这是穷人在帮助富人抢劫自己。

其实，这种帮助别人来抢劫自己的事情，不仅在一个国家内部发生，在不同的国家之间，也同样会出现。

当世界其他国家都赚取美元，然后又将美元购买美国国债时，就相当于穷人把辛苦赚来的钱存入了银行，所得的收益就相当于存款利息，美国国债的收益率一般是比较低的，目前美国10年期国债收益率大概2.7%左右。

美国拿到了这些国家的贷款，然后用这些贷款又到这些国家购买资产，炒高这些国家的资产价格，最后会在高峰时抛售掉这些资产。

这些国家，情况好点的话，会损失一些财富；情况差一点的话，就会发生金融危机。比如1997年东南亚金融危机中的那些国家，外汇储备被洗劫一空，然后还要紧缩货币，接受各种有损主权的经济要求，经济整体倒退数年，甚至10年以上。东南亚国家在那次金融危机中，总体损失了近万亿美元。而美国资本，则从东南亚金融危机中大发其财，道琼斯指数借助这些资本收益，一举冲破万点大关。

在这个情形中，东南亚国家就相当于借钱给美国来金融抢劫自己。

这样荒诞的事情，之所以会真实地发生，就是因为现代金融的发展。金融的这种财富重新分配功能，是金融优化资源配置之外的另一项重要功能。不过，任何现代国家，都无法拒绝发展金融，更不能因为金融业可能会造成财富分配更大不均的问题，而将其拒之门外，那就是因噎废食。

因此，对内，国家除了应该推动一个高效的金融市场建设，还应该推动一个健康、公平、公正的资本市场制度，以最大限度推动所有人的资产性收入同步增长，抑制金融的贫富分化作用，尤其是防止越是穷人，越是被金融抑制的情况发展得太严重。

就像大自然，给每个物种以独一无二的生存技能让其能活下去，才能维持整个地球生物圈生生不息的发展一样，生态平衡的金融圈才能长久发展，才能最高效地配置内部经济资源，推动整个国家不断创新，不断前进。

对外而言，国家需要打造一个高效、强大的资本市场。一个国家只有金融与资本市场强大了，才能在世界财富分配的角斗场上，做到不被其他国家所抢劫。金融高效了，内部制度完善了，防守就不会有问题，就不会出现替其他国家来金融掠夺自身的情况出现。

只有金融防守做好了，才有可能金融走出去，再去谈为国家谋取利益，争取更多的世界财富分配机会。

对中国而言，只有建设了一个强大高效的内部金融市场，才能推动人民币的国际化，才能水到渠成地输出货币；否则，人民币国际化就会费力而又不讨好，甚至会成为其他金融强国金融掠夺中国的新机会。

## 股市、房市，两种命运的背后

"鳄鱼进去，壁虎出来；奥迪进去，奥拓出来；杨百万进去,杨白劳出来。"这样的所谓"进出体"，网络上有很多。它们都是亏损的股民们，送给中国股市的总结。

其实，不仅中国股民，那些投资香港红筹股的外国机构与股民也发现，投资中国股票，赚钱是真的不容易，10年来，投资中国概念股的年化收益率只有1%左右，连美国国债的收益率都比不上。当然，那些当初买了中国银行原始股的机构除外。

中国股市为什么赚钱这么难？

这不妨从最直观的层面说起。打开A股的K线图，我们不难发现，自上海证券交易所1990年鸣锣重开以来，中国股市便开始了"过山车"之旅。沪深两市分别在1994年、1998年、2001年与2008年四次冲进谷底，数十万亿财富被急速创造而后又离奇蒸发。

与此相对应，中国A股指数的走势，与其他国家的相差很大，比如美国道琼斯指数百年来，基本是一路向上，而中国股市则走了一个波浪形。因此，只要你不离开A股市场，总难以避免有一天会从波峰回到谷底，赚来的利润迟早都会吐回去。

因此有人说，中国的股票市场不能搞价值投资，就是一个赌场，巴菲特来中国投资也会亏。这个说法不无道理，它确实反映了全球独一无二的中国股市的特色。

这个特色就是，它是社会主义国家搞的股市。不是说社会主义国家不能搞股市，而是它的资本市场有更多制度上需要完善的地方。中国股市一开始，是为国有企业融资而开设的，这种基因，让中国股市有了独有的特色。

目前，在中国股市上，国有企业占据市值的半壁江山。根据国务院国资委在2013年1月10日披露，截至2012年底，国有控股上市公司共953家，占我国A股上市公司数量的38.5%，市值合计13.71万亿元，占A股上市公司总市值的51.4%。

国企上市的目的，其实就是融资、圈钱，一般而言，国有企业的领导人只对上级管理机构负责，而不会对股民负责，他们对股市涨跌、几千万股民的亏盈从来无动于衷。国有企业的这种特点，决定了中国股市的分红效应非常低。

最近几年，中小板与创业板的展开，冲淡了中国股市为国有企业融资的性质，但是，中国股市一开始就出现的天生基因，对中国股市的影响，要完全修正过来是很难的。

2008年1月，A股6000点高位的时候，A股的流通总市值大概是10万亿元，到2013年7月，A股流通市值增长到了大概18万亿元。流通市值扩大了将近一倍，同期美国股市的流通市值也差不多增长了一倍，所以，从流通市值来说，中国的A股市场与美国的股票市场一样，走了个小牛市。

不过，与美国道琼斯指数从7000多点反弹到13000多点不同，中国的A股却从6000多点掉到了2000点附近。流通市值多了将近一倍，但是，整体价格却跌了三分之二，这就是个超级大熊市。从整体上来说，2008年1月以来，所有的中国股民都是亏钱的。

那么谁从中国股市中得利了？答案是上市公司。

2008年以来，伴随着A股大熊市的同时，却是A股富豪井喷期。从2008年1月到2012年底，687名亿万富豪逆市诞生。(第一财经日报，2012

年12月15日,A股2012富豪榜：五年熊市富豪数量井喷)

这些富豪基本都是中小板与创业板上市公司的大股东,在A股的大熊市中,这些上市企业从股市上募集的资金远远超过自身的需要,超募程度远大于西方成熟股票市场的规模。

但是,这些上市公司却没有给股市投资者带来相应的回报,很多中小企业股票上市一年之后,业绩随即大变脸。投资者买入的这些股票,则大部分被套。

如果股票的分红无法达到基本的投资利润率要求的话,那么投机与炒作就必然很旺盛。中国股市的这种波浪形波动特征,使得中国股市成为全球投机性最强的股票市场。尽管中国股市实行T+1交易,也就是隔日才能完成一买一卖,但是,中国股市的交易频率依然居于全球最高之列。

股票市场门槛低,有点钱就可以入市去炒股。相对而言,房地产市场门槛就比较高,你最起码能付得起首付款,才能到房地产市场上去冲浪。

严格来说,房地产市场与金融市场是两个独立的概念,不过,房地产市场由于具备了强大的财富再分配能力(在中国尤其如此),因此它也具有金融市场的属性。

与中国股市的波浪形走法不同,中国的房地产市场10年来,却走了一个连续性的超级大牛市。房价暴涨,带来了中国整体财富效应的增加,但是也带来了资产泡沫与贫富差距问题。

按照2012年全国城镇均价每平方米5800元计算,居民城镇房产的资产规模达到了132万亿元，因此，全国房价上涨10%，就相当于资产增长13万亿，正是这13万亿元财富效应的驱动，让银行、开发商、某些地方政府以及囤房者，不断地往房地产行业里搬钱。

其实，房价上涨所带来的财富效应，对只拥有基本住宅的居民而言，意义不大，因为你不能把自己唯一的住房卖掉去住大街或者去流浪，但是对开放商、囤房者以及银行和地方政府就不一样了，13万亿元的资产价格上涨中，它们可以获得其中能够分享的那部分蛋糕。

大小储户们的钱都被银行、信托公司搬到了房地产市场。据统计，2013年第一季度社会总融资中的70%左右，流向了房地产以及地方融资平台，后者的抵押品实际上大部分也是土地。

房地产行业就像一个黑洞一样，吸收了大部分货币，导致其他行业里缺钱。所以，2013年6月，银行间竟然一度出现了钱荒。不过，这个看起来是结构性的钱荒，实际上是制度的结构性缺陷所致。

这个制度缺陷就是，房地产市场是一个只能做多、不能做空的市场。股市有融券、股指期货等做空手段，但是中国目前的房地产市场，没有任何做空手段。加上城镇土地供应本身是有限的这个特点，房地产的这波牛市，走到了今天，很多人依然不确定什么时候才是头。

与股市制度的缺陷，带来了财富分配的不公平一样，房地产市场制度的缺陷，也同样会带来财富分配的不公平。

世界上哪个国家房地产不是都会涨涨跌跌吗？为什么到了中国就不公平？因为其他国家房价的涨跌，市场是唯一的财富分配机制，而中国不然。在中国房价上涨的过程中，扮演财富分配角色的还有一个很关键的制度因素，那就是国有土地的货币化进程，并非是以对所有人机会均等的方式展开的。

按道理说，国有土地货币化，本来应该每个公民都有均等的一份，但实际情形并非如此。国有土地使用权（也就是70年产权）的转让，是一点一点地转让的，而不是一刀切地均分的。

这样一来，先得到转让机会的人，就会获得土地升值的好处。而土地升值的原因有两个：一个是中国经济的崛起导致了土地价值的升值，另外一个则是中国经济的加速货币化，使得货币流通量巨量增加——后者更为关键。

在这个过程中，土地升值幅度出现了前所未有的加速，这使得越先获得国有土地使用权的人，就越容易获得暴利。这也是许多房地产商通过引进外资合资、发美元债筹资，来获得国有土地使用权的原因；也是许多房地产投机者，高杠杆投机买房的原因；也是任何人只要贷款买房，就能获得暴利的原因（除了最后接盘的）！

京沪等大城市的房地产价格，近年来平均年增长幅度达到20%左右，以买房者付30%的首付来算，相当于年利润60%以上！什么样的生意，有这样的暴利？而这样的暴利，从最终实现的角度而言，将是通过一部分先获得国有土地使用权的国民，对另外一部分后获得国有土地使用权的国民的掠夺来兑现的。

当然，中国是在走向市场经济，应该允许房地产有合理的利润存在。实际上，国家政策也承认这种财富的合法性。但是，如果出现了超越世界平均水平很多的暴利，就应该予以约束。

因为，这个暴利，其实是建立在国有土地使用权获得时间先后不同的这个不公平的基础上的。试想，如果国有土地一开始就每人均分一份的话，还会出现今天这样的一部分人工作一辈子买不起一套房，另外一部分人囤房几十套甚至上百套的奇观吗？

这种制度性缺陷需要从分配制度上，或者政策上予以纠正。在缺乏资本市场做空机制的情况下，政府非常有必要考虑推出以存量为依据的房地产税收政策。比如考虑对3套房（包含）以上或者人均50平方米以上的房产，征收存量房产税，以解决房地产投机与囤房者绑架一般城市居民来反对房产税的问题，从而有效压制房地产泡沫，将接近权力与货币创造的囤房者们，尽量地驱赶出来。

但是，到目前为止，连先前说好的房地产信息城市联网都做不到，可见房地产既得利益群体的阻力之大。

不出台以存量为依据的房产税，房地产市场的泡沫很可能将会继续膨胀，这就如同缺乏做空机制的A股会涨到6000点一样，A股从6000点掉到1600点，对中国经济整体影响尚小，但是房地产一旦涨那么高再掉下来的话，中国经济恐怕就会很危险。

美国房地产泡沫破灭的结果是次贷危机，不过与美国的金融危机损失是内部损失不同，中国还是美国等发达国家金融战争所虎视眈眈的眼中肥肉，因此，房地产泡沫一旦引发中国金融危机，将会引来一场全世界资本对中国财富的血洗，结果将是全体国民埋单。

股市与房市目前所受的各种诟病，是中国金融市场在发展过程中无法避免的，纵观发达国家的这两个市场，都有过粗放型发展的时期。

但是我们必须认识到问题的严重性，并在未来的改革中，有的放矢，纠正这些缺陷。

## 货币发得比美国还多，无奈

这两年来，媒体上经常可以看到讨论中国货币超发的话题。随着中国的广义货币（所谓的广义货币，也就是不仅仅包括我们日常所使用的钞票，还包括存款，这个广义货币也就是经济术语中常说的M2）在2013年超过100万亿人民币的大关，有关中国货币超发的话题就更热了。但是，大多数讨论都是情绪化的。

如果从GDP与M2的比例来看，中国的货币确实发得比美国还多。考虑到中国的GDP规模是世界第二，因此中国当前的货币总量，应该是世界上最多的。

2012年，中国的GDP大概是52万亿人民币，对应的M2接近100万亿人民币，M2接近GDP的将近2倍。同年美国的GDP大概是15.6万亿美元，对应的M2大概是10万亿美元，M2相当于GDP的60%。

中国与美国之间的这种巨大差别，让中国货币超发的言论看起来十分有道理。

但是，这个问题不能这样简单来比。如果我们把对比的国家范围扩大，就发现M2与GDP之比，中国也不是最高的。

卢森堡的M2与GDP之比，达到5倍，排在中国之前的还有塞浦路斯、日本、葡萄牙、西班牙。而德国、英国、法国等国家，其M2与GDP之比，也与中国差不多。美国的M2与GDP之比，是属于全球最低行列的。

实际上，判断一个国家的货币是否超发，不能单从货币存量来看。因为不同国家的货币流通速度是不一样的，全世界比较起来，美国的货币流动速度是最高的，也正是因为如此，美国能够以一个相对比较小的货币总量，支撑其全球最大的GDP以及700多万亿美元的金融资产交易。

而美国从上个世纪80年代中期以后，就已经不再把货币发行量当作货币政策的参考依据，而是根据CPI、失业率等其他指标，来判断货币环境是否太过宽松，从而调整货币政策。

不过，在上个世纪80年代之前10年，也就是70年代，当时美国的金融自由化还没有展开，美国的金融效率比较低。那时候，美国一年的GDP增长不过4%左右，但是美国M2的增长幅度却长时间高居10%以上，有的年份高达14%，相当于其GDP增长的3倍。这样的增长速度比今天中国的增长速度还要惊人。

如果保持当时的增长速度的话，今天美国的M2就不是10万亿美元了，而是30万亿美元。其与美国GDP的比例，也将达到2倍左右。

所以，中国的M2增长，在中国金融效率大幅度提升以前，保持GDP增速2倍以上的增长，是符合历史规律的。

2013年，中国资金的实际年利率达到10%左右的高位，依然还会出现钱荒问题，它本身就说明，中国的货币整体上并没有超发。如果说有超发的话，那也只是"结构性超发"的问题。

这个"结构性超发"，从根本上来说，是中国金融、财税制度建设的问题，它的不完善，导致了中国的货币大规模流向了房地产业。因为我们的货币创造，不是公平地分配了，而是非常不公平地分配了。这就引起了极大的财富分配不公的问题。

从过去几年的情况来看，银行业与房地产业拿到了货币发行的大头，也就是说，所有接近银行与房地产的人，都容易发财。而那些远离货币创造机构（比如银行），以及远离作为货币创造来源的抵押资产（比如房地产）的人，则在实际上成了货币结构性超发再分配所掠夺的对象。

本章开头所提到的自己替他人来抢劫自己的事情，就属于这个性质。因此，现在国家要解决的不是货币超发的问题，而是货币创造的结构性缺陷所引起的财富再分配问题。

这个问题怎么解决？靠压缩货币供应就能得到解决吗？不行，如果市场认为房地产价格还要涨，就会到处借钱来买，国内借不到，就会到国外去借。很多房地产企业到境外发行美元债券，筹集资金到国内来拿地，就是这个性质。

实际上，到今天为止，每次看来是冲着房地产市场而去的资金调控，板子都首先打到了股市身上。这一点也不奇怪。在做空机制缺乏的中国房地产市场，既得利益群体、银行以及某些地方政府，形成了一个利益联盟，它们的利益就在于不断推升房地产价格——只要房价上涨，银行、信托机构、房地产开发商、囤房者（一人拥有3套以上的房产者，不包括正常的住房改善型需求）都会获益。

这一点，已经与美国2007年之前的金融机构、房地产投资者形成的房地产价格上涨利益共同体非常相似，不过，美国不仅有房产税，还有完善的资本市场做空机制，最后实际上也是其资本市场的做空机制，纠正了美国房地产的单边上涨。而中国则一样都没有。

因此，仅靠收缩影子银行系统，或者压缩货币供应，对房地产调控是无效的。由于巨大的利益团体的结盟，房地产反而是最后一个受到流动性紧缩影响的领域，这样的调控，恐怕只有等到其他行业先死了，才会轮到房地产调整。所以，把结构性钱荒的板子都打在影子银行身上，是错误的。

这个问题要想得到根本解决，则需要通过房地产存量税收等手段，合理地解除房地产的投资与投机属性。

但是由于各种原因，中国的房地产存量税一直难以出台，因此，这种结构性的货币超发问题就难以解决。而舆论不是关注钱荒背后的制度问题，只是想当然地就把板子打到了货币超发上。

货币超发这个伪问题，现在成了人人喊打的过街老鼠。但实际上，盲目地以货币总量与GDP的对比，来确定一个国家的货币是否超发，是不科学的。它反而可能有害于一个国家正常的经济增长。

比如当前，中国的货币政策就被房地产绑架了。2013年，中国实际资金成本年利率高达10%左右，给中国的各个产业带来很大的压力，这本应该是放松货币政策的时候，但是，决策机构却畏于房地产的结构性泡沫，害怕舆论与民意，无法放松。

## 内圣才能外王

《庄子·天下》中有句话:"是故内圣外王之道暗而不明,郁而不发,天下之人各为其所欲焉,以自为方。"也就是说,内圣外王之道,首先在于内部的人,其行为既能满足自身最大利益,也符合整个群体总体利益。

对中国金融业来说,"内圣外王"就是要建立一个高效健康的金融市场,使中国金融业可以大胆对外开放。

在全球财富分配的金融舞台上,决定一个国家权力座次的真正因素,就是一个国家金融制度的效率。从当前中国金融资产的存量规模来看,中国已经俨然成了一个金融大国,但是,中国离金融强国还有很远的距离。

怎么样才能成为一个金融强国?只有两个字:改革。

2013年6月19日,国务院总理李克强主持召开国务院常务会议,会议提出要优化金融资源配置,用好增量、盘活存量,更有力地支持经济转型升级。

这是一个多月以来,李克强总理第三次提及存量资金问题。此前在5月13日的国务院机构职能转变动员电视电话会议上,他曾指出,"在存量货币较大的情况下,广义货币供应量增速较高。要实现今年发展的预期目标,靠刺激政策、政府直接投资,空间已不大,还必须依靠市场机制。"在6月8日主持环渤海省份经济工作座谈会时,李克强二度要求"要通过激活货币信贷存量支持实体经济发展"。

激活货币存量于是成了2013年中国经济新闻中一句流行语，这句话虽然短，却可能是中国金融业大改革的一个里程碑。

李克强总理发表这番谈话的时候，中国经济的一些指标看起来似乎不太好。外贸增速下滑、固定资产投资增速下滑、PPI（工业品出厂价格）连续负增长，与此同时，银行间短期资金利率不断走高，甚至出现了钱荒，A股市场持续低迷。

在这种情况下，放松银根似乎是个很正常的选择。为什么没有选择放松银根，而是要激活货币存量呢？

只有一个解释，那就是倒逼中国金融业改革。

说起金融业改革，给人感觉这是个非常复杂的话题。其实，这个复杂的大问题，可以分解为两个简单的问题。

一个是推动民间金融企业的发展，弥补国有金融企业服务领域的不足，给中国的小微企业发展提供动力。

另外一个就是推动国有金融企业的创新，摆脱依靠垄断与吃利差来生存的状况，从而能够适应更大的竞争、更具挑战性的环境，让中国金融竞争力能够到世界舞台上与强手一争高下。

第一个问题看似简单，但却牵涉整个金融制度环境的变革。现在中国有不少小贷公司等民间金融机构，但是，这些民间金融机构的竞争环境是比较差的，与国有金融机构相比，这些民间金融机构实际上是受到政府歧视的。

一个很突出的地方，中国的国有银行实际上是由政府进行担保的，因此，到国有银行去存款的人，是不会担心银行倒闭、存款损失的。

但是民间金融机构就没有这个国家信誉担保，因此，民间金融机构首先在吸收存款方面，就面临着不公平的竞争。给的利率再高，也不如银行有吸引力，因为储户存款追求的是安全第一。这样一来，民间银行自然就没有办法发展，因为，它连开展最基本的业务——吸收存款都有困难，更不要说与国有银行竞争了。

为了推动民间金融业的发展，需要在各种制度上为民间金融机构提供公平的竞争环境。

2013年6月7日，央行公布的《2013年金融稳定报告》中明确提及：建立存款保险制度有助于营造公平公正的竞争环境，促进商业银行经营机制的市场化，增加商业银行在金融业务创新及风险承担机制方面的灵活性。

2013年7月5日，国务院出台的《关于金融支持经济结构调整和转型升级的指导意见》指出，应扩大民间资本进入金融业，鼓励民间资本投资入股金融机构和参与金融机构重组改造。允许发展成熟、经营稳健的村镇银行在最低股比要求内，调整主发起行与其他股东持股比例。尝试由民间资本发起设立自担风险的民营银行、金融租赁公司和消费金融公司等金融机构。探索优化银行业分类监管机制，对不同类型银行业金融机构在经营地域和业务范围上实行差异化准入管理，建立相应的考核和评估体系，为实体经济发展提供广覆盖、差异化、高效率的金融服务。

这是国务院第一次明确提出民间资本可以在相对垄断的金融业具体能做什么，其打破国有金融业垄断的意图很清晰。

但是，打破国有垄断是有风险的，要不然早就打破了。风险在哪里？那就是国有金融机构如何生存与发展的问题。这就是金融改革的第二个问题：推动国有金融机构的改革，提升其市场竞争能力。

目前，中国银行业的利润来源，是建立在对存款资源的垄断基础上的，这个垄断不仅让国有银行获得了绝大部分储户存款，同时也获得了垄断性的存贷差。

而一旦引入民间金融机构的大规模竞争，那么，国有银行的垄断资源会面临流失危险，而民间银行有了成本与国有银行差不多的资金来源之后，国有银行的高存贷差就会逐渐消失。

这样一来，国有银行固有的赢利模式，恐怕就不足以支撑银行的生存与发展，甚至可能会导致国有银行经营出现问题，导致金融风险甚至危机。

那么，怎么解决这个问题？答案就是要盘活存量货币。因为现在中国的存量货币，基本上都在国有银行手里。

中国银行业监督管理委员会主席尚福林披露，到2013年5月末，中国银行业总资产是140万亿元，各项贷款72万亿元。这么庞大的资产，其中许多优质资产，完全可以进行证券化，也就是重新打包再卖出去，来得到激活。如此一来，银行就可以在不增加太多存款的基础上，展开更多的业务。

但是，资产证券化不是一句话就能办到的事情，也不是颁布个规定或者法律，就能自动实现。它考验的是银行的创新能力。银行的资产如何证券化，如何定价，如何销售，都需要很复杂的计算模型，而资产证券化能否深入与大规模地展开，从根本上而言，取决于银行拓展更丰厚的投资渠道与更高的赢利能力。这样，资产证券化才能良性推动，否则的话，资产证券化就没有什么意义了。

打个比方，银行有笔房贷，每年可以吃到6%的利息。如果把这笔资产证券化，并卖给投资者的话，起码的条件就是，银行可以找到一个收益更高的投资项目，才值得花工夫把原先这笔贷款卖掉，以便拿到现金之后投资于下一笔收益更高的业务，否则的话，还不如拿着这笔贷款一年获得6%的利息划算。

当然，如果单纯为了转移这笔贷款的风险的话，银行可以这么干，这就是消极意义上的资产证券化了，也就是为了证券化而证券化，这应该不是中国金融改革的主要方向。

以上这两个问题要是都通过改革达到了目标，那么媒体经常说的一个理想情况就自动实现了，那就是利率的市场化。

这也就意味着，市场上的资金配置效率将达到比较满意的情况，也就不会出现当前某些领域资金扎堆出现资产泡沫、某些企业资金缺乏无法发展的不均衡情形。

一个内部资金效率高效运转、各种资源得以合理配置的资本市场，就是一个强大的金融体系。

当今世界最强大的国家美国，之所以能够拥有世界上最强大的金融力量，同时也掌握着世界财富分配的权杖，根本原因就在于，美国有一个非常高效、强大的金融市场。

不过，美国的金融市场并非天生这么高效，在上个世纪80年代的金融自由化大改革之前，美国的金融市场效率也是比较低的，银行主要靠吃利差生存，甚至法律规定，银行不能跨州经营。因此，在那之前，美国的银行是多如牛毛，但是竞争力却不强。

经过80年代的金融自由化大改革之后，美国发展出来了全球最自由、最开放、最高效的金融市场。美国金融市场的深度与广度，都是其他国家难以望其项背的。到今天，包括金融衍生品在内的金融资产，合计高达700万亿美元。

正是因为美国金融市场的高效与强大，才使得美国的金融市场能够吸引全世界的资金，也使得美国金融市场能够最大限度地为美国人创造乃至掠夺财富。美国金融市场通过金融自由化大改革，已经真正做到了内圣外王。中国也应该可以做到。

## 输出货币才是真大国

一位美国上将举起一百美元对军校学员说："这张美元不过是一张纸，成本不过几美分。可全世界必须用相当于一百美元的产品来换这张纸。这合理吗？不合理。公道吗？不公道。为什么全世界能够接受？是因为你们的存在。你们保护的就是这张纸的价值。听懂了吗？"全场爆发出雷鸣般的回答："Sir,Yes Sir!"

这是一位美籍华人在访问美国军营时所看到的一幕。不管其真假程度如何，它确实反映了美国作为货币输出大国，从出口货币当中所获得的巨大利益。这让美元霸权成为美国最不愿意失去的权力。

2012年，全世界贸易总额大概是18万亿美元。几乎每个国家都能出口自己的各种商品。

在商品全球流动的同时，货币也在进行反向流动，一个国家出口商品就必然会进口货币，但是，这个货币进出口可不是什么货币都有份的事情。

事实上，当今世界能够出口货币的国家，少之又少。真正算起来，只有美国与欧元区国家，才算得上是真正的货币出口国。

而这其中，美国是世界第一大货币出口国。数十年来，美国的贸易逆差达到了11万亿美元之巨，意味着美国仅仅通过贸易一项，就出口了11万亿美元的货币，也就是美元。

由于货币持有国理论上可以随时兑现货币的购买力，因此，出口货币换回商品，与出口商品换回货币，看起来是一件公平的交易。

但实际上，在货币汇率波动非常大、资本全球自由流动的情况下，这种情形会导致国家之间的财富再分配。

比如，中国手头现在有3.5万亿美元的外汇储备，假设其中2万亿是以美元资产存的。理论上，中国随时可以兑现这部分美元的购买力，因此不会吃亏，但是，实际上，中国可能会长期持有这部分外汇，一旦美元贬值，这部分购买力就会打折扣，等于中国的财富被再分配了。

贬值会导致自己的财富被他人再分配，那升值呢？在多数情况下，金融业落后的国家，本国的货币升值时，也一样会因为积累了巨额外汇储备而被进行财富再分配。

比如人民币升值之后，在中国的外国资产可以在人民币汇率处于高位时，从中国兑换更多的美元离开，中国人辛苦赚来的外汇，被他人轻松利用汇率变动拿走了。

持有他国货币，实际上是等于拿着别国打来的借条。做债主是件惬意的事情，但是，如果这个借债的是世界上最强大的国家，并且常常使用各种手段，来使债务减少甚至消失的话，那么，做这样的债主，就不一定是一件好事情了。

若不想被这样的借债人占便宜的话，就应该尽量少用别国的货币来结算贸易，不管是进口还是出口，最好都使用本国的货币来结算贸易。这样一来，就可以最大限度地避免被他国通过汇率、资本流动等手段，来被财富再分配。

不要以为这样的财富再分配，是一件不起眼的事情，实际上，30多年来，仅仅是美国，通过货币所进行的财富再分配规模，就高达10万亿美元之巨。那些越是持有美元多的国家，越是容易成为美国进行财富掠夺的对象。

这就是人民币国际化的根本原因所在。

2012年，中国正式超过美国，成为世界第一贸易大国。根据美国商务部2013年2月8日发布的贸易统计，美国2012年的商品贸易总额比前一年增加了3.5%，达到38628.59亿美元。而根据中国海关2013年1月发布的数据，中国2012年的贸易总额为38667亿美元，小幅超越美国。

中国的贸易总额，约占世界贸易总额的13%左右，排在美国之前，是世界第一。但是，人民币在国际贸易结算中的地位，却低得不成比例，据统计，目前人民币在国际贸易结算中的比例只有0.63%左右。在全球排名第十三位，甚至还比不上泰铢与港币。[资料来源：环球金融电信组织（SWIFT）]而在全球每天高达4万亿美元的汇市交易量中，人民币相对美元的权重就更小了，只有1%左右，而美元的份额是86%。

一个世界第二经济大国，同时是世界第一贸易大国，为什么与它的货币在世界上的地位，是如此不匹配呢？

因为人民币没有自由兑换。一个不能自由兑换的货币，当然难以成为国际货币，这样的货币要想为大家接受，显然有很大的问题。因为外国投资者不能用人民币来自由地投资，实现增值，人民币对其来说，就成了难以流动的"死钱"。

更不利的是，一旦人民币出现贬值风险，你手里的人民币就无法及时出手。流动性太差，是资本市场的大忌。想象一下，股民手里若拿着一只不能交易的股票，那是什么感觉？

人民币完全自由兑换，意味着人民币完全自由流动。那么，中国为什么现在还没有让人民币自由兑换、自由流动？因为中国的金融市场还没有完善。主要有两个方面。

一是本国内部的金融市场化进程还没有完成，这主要体现在利率没有市场化。利率市场化没有完成，就意味着本国金融机构的资金定价权是一个糊涂的权力，金融机构自身也无法确定，到底怎么定价是合理的。

内在价值决定外在价值，如果本国的资金成本都不知道怎么形成的话，那么资本项目完全自由开放后，如何确定合理的汇率也会面临难题。毕竟外部资本市场相比中国内部资本市场而言，犹如大海之如江河，搞不好海水倒灌，就会引起灾害，导致国家财富损失。

2013年7月19日，中国央行宣布取消对银行贷款利率7折下限的限制（对房贷除外），这意味着中国的利率市场化改革，迈出了具有标志性的一步。

利率市场化的最终完成，应该是以完全取消存款与贷款的上限与下限为标志。目前，中国展开了渐进性的市场化改革，但要达到这一步，还需要时日。

另外一个不完善的地方，就是中国的汇率机制还没有完全市场化。目前的人民币汇率，主要是央行根据自己选中的一篮子货币加权值来主导确定。除此之外，还有一个很关键的问题，中国的汇率还扮演着基础货币发行的任务：中国央行主要是根据外汇来发行本国的基础货币。

与日本等其他国家的央行买入外汇干预汇率的行动不同，中国央行购买外汇是非冲销式的。

所谓冲销式，就是央行在购买外汇的同时，会通过卖出债券等形式，将购买这笔外汇所印出的基础货币收回来。非冲销式，也就是不收回来。

中国央行每买入一笔外汇，比如说是1美元，就会付出6.3元左右的人民币。这样就等于发行了6.3元的基础货币。

中国现在的外汇储备是3.5万亿美元，则意味着中国对应这笔外汇，发行了22万亿元的人民币货币。

有人会有疑问了，那这么多货币没有冲销，国内通货膨胀不是要上天了吗？实际上，并没有，这是为什么？

这是因为中国另外一个特别的国情，那就是中国经济的货币化进程。过去的10年，既是中国外汇储备大增长的10年，同时也是中国经济货币化大跃进的10年。一个很有代表性的货币化进程，就是城镇房地产业的发展，这个过程实际上是国有土地货币化的进程。

中国是社会主义国家，很多经济要素都没有货币化，最大头的就是土地了。货币化的进程，意味着中国需要比以前多得多的货币来支撑资产价格与交易。也就是说，中国货币供应本来应该有个很高的增长率的。

根据美国经济在上个世纪70年代的经验来看，广义货币供应量增长速度，达到GDP增长速度的2倍是正常的。

因此，中国虽然搞了非冲销式的外汇购买机制，但是，这个机制实际上代替了中国的本币发行职能，因此，虽然非冲销式地买了3.5万亿美元的外汇储备，增发了这么多基础货币，但是这正好适应了中国经济货币化与经济高速增长、物质财富增加所需要的货币供应要求。

不过，从根本上而言，这种依据外汇来发行基础货币的做法，是与汇率自由化的目标相冲突的。因此，在汇率完全自由化之前，中国还需要改革自己的货币发行制度，将本币发行与外汇脱钩。

这样就可以将汇率波动对本国经济与资产价格的影响，压低到最小，也就是增强了中国经济对外部经济、金融环境波动的抵抗能力。

在贵金属本位制时代，输出货币是最容易的，因为贵金属一多，就意味着货币可以多发，这样经济就会得到刺激，更容易繁荣，所以，所有国家都欢迎其他国家输出货币。也是因为如此，在第二次世界大战之前，战争结束后，战胜国必须做的一件事情，就是要战败国赔款。

但是，到了纸币时代，输出本国货币却成了最难的一件事情。因为纸币时代，哪个国家都可以自行决定印钞票，想印多少印多少。

纸币时代，从本质上而言，输出货币就意味着对他国财富的暂时无偿占有，如开头那位美国将军所说的那样，一百美元面值的纸币，其成本几乎可以忽略不计，在电子银行交易时代，货币印刷成本更低，因为那不过是电子账户上的一串数字而已。

输出货币的隐形利益如此巨大，当然，竞争就会很激烈。只有政治、军事、科技、经济、金融、文化等综合实力最强大的国家，才能做到。

2003年，美国入侵伊拉克推翻了萨达姆政权之后，第一件事情就是运送了一批美元到伊拉克，而不是从伊拉克要赔款。这就反映了纸币时代与贵金属本位制时代两种完全相反的逻辑。

中国梦在金融领域里得以实现的最终标志，就是中国成为与美国、欧元区一样的货币输出大国。做到了这一步，不仅意味着中国内部金融市场的高效与强大，也同样意味着中国的硬实力、软实力等综合实力，达到了一个超强的境界。中国在世界财富分配链条上的位置，才能处于一个能够保证本国民众最大利益的位置上。当然，有别于历史上的各种财富分配霸主国家，中国也将会承担起保证世界财富分配能够最大程度地公平的角色。

# 第三章

# 经济转型，难在何处

## 打好中国制造的下半场

一个不得不面对的事实是：中国低成本、低价格的优势正在发生变化，高成本时代已经来临。

由于能源、原材料、出口退税调整、加工贸易新政、人工成本，以及人民币升值和贸易壁垒等因素，已经使单纯依靠价格优势的中国制造业面临非常严峻的形势，"中国制造"的成本优势正在或已经丧失。

在新压力之下，传统意义上的中国制造业亟待寻找一条新的生存路线。"中国制造"到了该重新定义的时候了。其实，早些年，学界和业界都对"中国制造"表达了"高成本时代"即将来临的担忧。

上个世纪，日本和中国香港、中国台湾、新加坡、韩国都曾作为全世界成本最低的生产制造中心，然而日本和亚洲四小龙的制造商，很快就发现低成本制造只能带来短期繁荣。想要赢得长期可持续发展，就必须注重产品创新，投资研发和设计，也要改善经营和管理，将制造水平提升到一个新的台阶。所谓"中国制造"的下半场，就是这个过程。

## 难打的下半场

长期以来，"中国制造"世界第一几乎成为中国和全世界人民的共识，然而，英国《金融时报》的一篇文章却让人们产生了小小的疑惑。

文章说，2010年美国在制造业产出方面仍领衔世界，但看来将在2011年把头号地位让给中国，从而结束美国在工厂产出方面连续110年雄居全球首位的历史。

疑惑来源于，我们以为早在几年前我们就已经实现了这个目标，而现在被权威机构告知，这个目标的达成是在2011年——"从环球通视咨询公司周一发表的榜单看，美国在全球制造业产出中占19.9%，而中国占18.6%。该公司现在预测，中国较快的增长明年将使美国让出头把交椅。"毫无悬念地，中国在2011年的确实现了从印象中的世界第一制造大国，到实际上的世界第一制造大国的转变。

"中国成为世界工厂""中国制造世界第一"，这样的印象，最早来自外国人的反馈。

世贸组织前总干事拉米曾经对中国谈判代表讲过这样的故事：他让自己的两个儿子去超市买圣诞节礼物，前提是不许买中国产的，最后的结果是，两个兄弟没有买到一样非中国产的圣诞礼物。再后来，还有好事者试图一年不使用中国产品，这一年的实践，结果相当凄惨，她不得不忍受各种不方便、各种质次价高而不是物美价廉，最后她写成了一本名叫《离开中国制造的日子》，轰动一时。

对，中国制造无比强大的印象基本来自沃尔玛。沃尔玛和中国制造宛如一对情投意合的情侣，你好，我也好。日常生活中的强烈感受和外国人的热情反馈，让我们对中国制造的能力产生一定的错觉。其实在距离大部分人生活较远的领域，如装备制造、军工、精密仪器等方面，中国制造的水平和规模都不太令人满意。

但不管怎样，成为真正统计意义上的制造业第一大国，对中国人来说是个好消息，它宣告了一个新时代的到来——在经历了"十五分钟"金融危机带来的中场休息之后，"中国制造"迎来了自己的下半场。

中国制造的上半场差在哪里？

2010年我曾受邀去湖南远大考察。这家中央空调的制造企业，以其节能高效的非电空调产品和周到的服务，在国内市场所向披靡，在国际市场攻城拔寨。在车间里，我看到了大量从日本进口的热交换铜管。我向陪同的企业领导提出一个问题：购买这些铜管占到一台锅炉出厂价的多少？得到的答案是70%。这些看似普通的紫铜管，在我们的常识里没有什么特别之处，也的确没有什么神奇的功能，仅仅是对壁厚和直径有非常高的精度要求。这样的铜管我们中国现在就不能生产。一根铜管，代表的是中国高端制造业的普遍尴尬。

是的，在普通老百姓日常使用的普通消费品领域，中国制造早已是当之无愧的世界第一，但在非消费品制造领域，除了一些低附加值的产品，如汽车配件、工程机械、造船等，中国制造的亮点乏善可陈，仅有航天、航空、高铁等少数领域有了一些竞争力。在接受了世界第一制造业大国的称号后，我们依然将在相当长的时间内继续面对消费类产品权重过大的尴尬，但这显然是需要改变的。从国家实力、就业、提高人民生活水平等任何一个角度出发，中国必须也只能成为真正意义上的制造大国——其标志就是在高精度工作母机制造、精密仪器制造、高精度零件制造、新材料、新能源设备制造等领域，核心制造能力能够上一个台阶，加入到美、德、日等组成的国际高端制造业的俱乐部中。

相对于打好上半场比赛，下半场比赛的难度要大得多。中国之所以用了二十几年的时间就迅速占领了消费制造领域，核心的原因是发达国家实现经济转型后，主动放弃了低端制造业，中国以低廉但高素质的劳动力、低人权保障和政府的高效协调能力，顺畅地承接了全球化的分工转移。金融危机给发达国家一个重新思考制造业机制的机会。显然他们得出了制造业仍然重要，绝不轻言放弃的结论。美国甚至在反思现代服务业在经济中的比例过高的问题，试图通过提高进口关税来振兴制造业。在下半场，中国制造所面对的将不再是顺手牵羊，而是虎口夺食的局面。

中国产业转型面临着的一个特别难以平衡的问题是，一方面制造业工人薪酬不断提高的压力很大，同时就业的压力也很大。这似乎是一个相悖的问题。而大力发展高端制造业，可以在一定程度上兼顾解决这两个问题。国家应当制定相应的政策，引导更多的企业进入高端制造业，将已经获得经验和技能的工人自然转移到高端制造业中去。

把经济转型的期望都放在发展现代服务业和高科技带来的新业态上，既不现实也不可能。国家安全、经济发展、就业等各种因素，都要求中国在高端制造业上有所作为。这是一场硬仗，是中国从肥大到强大的必经之路。

## 中国企业必须脱胎换骨

纵观全球，和十年前甚至五年前相比，如今世界上最声名显赫的公司的名单发生了前所未有的大变化。

一些公司无可奈何地老去。诺基亚、摩托罗拉、柯达等一些曾经长期占据主角地位的公司，黯然从前排退到了后排，并且岌岌可危；索尼、松下、东芝、惠普、戴尔等曾经家喻户晓的公司，艰难地在传统领地里维护着自己的地盘，已经很少被人提及；贝尔斯登、雷曼兄弟等曾经叱咤风云的公司，干脆香消玉殒。

一些公司依然基业长青。可口可乐、麦当劳、宜家、IBM、英特尔、丰田、奔驰、大众、福特等依靠其市场地位和品牌优势，依然占据在传统行业的潮头，威风不减当年。

另外一些公司粉墨登场，或横空出世或老树发芽，脸书、谷歌、苹果、三星、华为等公司，以令人咋舌的速度迅速上位，成为信息化时代真正的领跑者。

再回到国内，在房地产、钢铁建材、商业零售、食品等领域，一些市场份额一直领先的企业，迅速扩大其市场占有率，导致行业的市场集中度越来越高，寡头垄断的趋势逐渐形成；一些原本占据行业制高点的企业高调转型——苏宁在继续巩固其在传统线下零售霸主地位的同时，全面将自己向信息化、数字化公司转型；万达在商业地产上继续扩张的同时，将半个身子探向文化创意产业；更不可思议的变化也在发生，谁都不曾想到的是，腾讯的微信居然通过迂回的方式，撼动了国有垄断电信行业的基础；阿里巴巴在金融领域的小试牛刀，让壁垒坚固的金融行业，感受到了实实在在的压力。

### 苏宁的努力

在自我转型的中国企业中，苏宁以其体量的巨大和转型的彻底为世人所关注。

2012年，我曾经到苏宁进行过一次深入采访。汽车驶入南京地界，从浑浑噩噩中醒来，我心里做好了接下来以半个或者一个小时通过进入市中心的嘈杂而又拥堵的道路的准备，我想象中的苏宁集团总部，应该在市中心旗舰店的楼上。没想到的是，汽车却驶下了高速，进入了一片路人稀少、街道宽阔，建筑散落于草坪和树丛的开发区。司机告诉我，这里是南京市的徐庄软件园，苏宁的新总部就坐落在这里。

说话间，两幢隔着马路相对而立、装有玻璃幕墙的巨型建筑矗立在眼前。一幢是方形的公司总部，一幢是船型的诺富特酒店。远远看过去，这种类型的建筑和周边的环境，跟旧金山硅谷散落的那些著名科技公司的总部十分相像。

2009年3月,苏宁的新总部在这里开建,2011年底建成,公司总部从市区搬进来只有几个月的时间。在稍远处,是一幢新大楼的工地。公关部的葛爽总监告诉我们,即将奠基的这幢建筑是苏宁易购的总部,两年后,将有2万名IT人才在这幢圆弧形的大楼办公。至少从建筑和所处的位置上看,苏宁已经俨然是一家新兴的科技公司模样。

在线条简洁、风格明快的诺富特酒店,苏宁前任总裁现任副董事长孙为民接待了我们。在相当长的时间里,孙为民一直代表公司接受记者采访,参加各种公开活动。而董事长张近东却始终处于幕后,极少在公众和媒体面前露面。也许,这也是苏宁在传统流通领域最早提出实现全面转型的原因之一。一个能够摆脱日常杂务,有充分的时间潜心对公司的未来做深度思考的企业家,才能想清楚公司的未来。

"苏宁的未来是一家科技型的企业。"在苏宁公司发展历史的陈列区,孙为民开始向我们描绘公司的未来。两幢建筑物的地下是贯通着的,从酒店可以穿过公司历史陈列厅、未来家居生活演示厅、未来卖场标准展示厅等区域,进入到公司总部大楼。

孙为民曾向媒体如此解释苏宁转型成为科技型企业的理论依据:"要解决大企业发展的这一难题,破解的途径是科技创新。零售业对信息技术发展方向的前瞻性、深层次理解,将是企业战略制定的前提,准确地把握它,往往能够有力推动企业的变革创新转型。从这个意义上讲,零售业本质上也是技术导向的公司,而零售业电子商务的发展,则对这种特性增强了注释。"

"如果对苏宁的未来给一个更加通俗的说法，那就是沃尔玛加亚马逊。"在展示厅的电子演示图表前，孙为民向我们传递的具体目标是，到2020年，苏宁将实现7000亿元左右的销售额，其中传统卖场的销售额是3500多亿元，苏宁易购的销售额是3000亿元。而今年的目标是线下2000亿元，线上300亿元。也就是说，传统卖场只保持低速增长，而电商业务将在8年内增加10倍。

中国家电市场的销售额度变化，似乎证明了苏宁目标的正确性：2012年头两个月，空调销量同比下降32%，平板电视下降27.9%，洗衣机下降18.4%，冰箱下降21%。与此对应的数字是，权威部门预计2012年中国家电需求将增8.7%。在2012年春节前后电商领域的"价格战"中，主角不是京东、淘宝等主流的纯电商网站，而是苏宁易购。从苏宁易购开始，苏宁事实上已经去掉了"电器"二字的后缀，全面进入百货、日用品、图书、医疗、教育、金融产品、虚拟服务等领域。

在两年后竣工、投入超10亿元建设的苏宁易购总部，将承载苏宁易购全球智能管理、综合采购、开放平台运营、物流控制、在线客服等八大运营职能。云计算，将是实现这些功能的手段。

在外界看来，苏宁现在进行的是一场疾风暴雨、脱胎换骨的巨大转型。但在孙为民看来，这种转型并没有看上去那么突兀，而是水到渠成。2005年苏宁ERP系统上线的那一天，正是国美大肆扩张、进军苏宁的大本营——南京的时刻。ERP的运营让苏宁尝到了信息化的甜头，也奠定了苏宁今日转型的基础。

"无论是C2C，还是B2B，本质还是整个供应链的问题，而这方面我们有很多的优势，比如说我们的后台、服务和产品，我们有庞大的采购规模，这些都是我们先天具备的。电子商务只是增加了一些人力资源的投入。"这是苏宁对内部信息化和电子商务之间的关系的理解。

通过服务的实体和后台技术，以及在全国建立的呼叫中心，等等，这种优势可以提供很多想象空间。苏宁目前的布局，依据的是对未来生活方式的想象和判断。几年之后，人们可能除了购买商品，更需要服务的整合者。而通过基于云计算的运营商业平台，电商可以了解家庭里的各种电器、信息消费习惯、个人喜好，合理配套，节省能源，还能提供很多其他服务，例如预订酒店、日常百货采购，等等。这就不是一个零售商，而是一个运营商的角色。

显然，建在软件园的大楼并不能成为苏宁转型成功的充分必要条件。一家长期从事传统零售业的公司，转身成为一家"重型电子商务企业"，所面临的挑战是多方面的。首先是理念和思维方式的冲突。原来的网下传统连锁店和你自己的网购之间会不会打架？业务上会不会打架？再一个是人才上会不会打架？IT人才的工资就比传统零售业的高很多，如何平衡相互间的关系，不让两幢大楼里的员工成为有敌意的对手？

以柯达为例，公司其实很早之前就意识到要向数码影像转型，最早的数码照相机就是柯达发明的，但是为什么到最后它会死掉？因为在转型的过程中，不可避免地遇到新业务和老业务之间的矛盾，这种矛盾胶着到一定程度以后，就会让公司的决策层产生犹豫。结果就是难逃被淘汰的命运。

在苏宁的采访中，我充分地感受到转型的决心。但没有听到足以信服到没有任何疑问的具体举措。其实，在真正的挑战出现在眼前之前，再周密的战略思考，也需要脚踏实地的具体策略，才能让企业绕过必然存在的一个个陷阱，达到全面转型的目标。

苏宁为中国企业面对未来应采取何种态度做出了优秀的表率。中国企业要想在未来十年内取得骄人成绩，或立于不败之地，必须认清自己的角色。

## 建立新竞争优势

世界范围内新技术革命的兴起，中国经济、中国社会的整体转型，给创新商业模式的企业提供了最广阔的舞台，也给原本处于竞争优势的企业在未来走向方面提出了前所未有的挑战。

这种变化主要体现在以下几个方面：一是城镇化。未来十年，加上流动人口和新进入城镇的人口，将有近三亿人成为真正意义上的城市人口，整体消费需求会有巨大增长。二是人口结构的老龄化。年轻人口的比例将不断缩小，劳动力成本将不断攀升。三是国民文化素质和知识水平不断提高，对产品和服务的水平提出更高的要求。四是基础建设投资速度将放缓，产能过剩的矛盾将日渐突出。五是环境资源的约束更加刚性，公民意识不断觉醒，企业投资环境趋于严苛。

这些因素在给企业带来的机遇和挑战上是双向同步的。企业，尤其是行业领军企业，如果没有全面的分析和判断，很容易掉进变革的湍流。

同时，全球化的进一步加深，也给中国企业走向世界，提供了前所未有的机遇。虽然从严格的意义上讲，中国真正已经成为全球性跨国公司的企业只有联想、华为两家。但众多中国企业已经在全球不同地方，通过参与全球化竞争，在有些领域、有些地方竞争优势明显。中国的领先性企业，已经初步具备了和跨国公司同堂竞技的基础。

同时，随着跨国公司的本土化更加深入，跨国公司多年形成的技术优势和品牌优势越来越明显，其在中国国内大部分领域的竞争力越来越强，在未来的十年，中国企业必须将自己放在新的形势下，思考自己的成长之路。

## 要创造，得先有实力

按照传统古典经济学的观点，企业通过为消费者提供商品和服务，为社会做出贡献，而为了保持这种贡献的可持续性，企业就必须让股东赢利。那么，企业领导者的任务，就是带领自己创办或者管理的企业持续地实现赢利。完成任务，也就完成了让世界产生积极变化的使命，除此之外，企业没有必要承担更多的责任。到目前为止，至少在中国，这依然是一种在企业家群体内最主流的看法。

然而，金融危机之后，市场经济的神话再一次遭受巨大的挑战。越来越多的企业领袖认为，为了改变世界，企业应该从幕后走向前台，从跟随者变成领导者，从实干者变成思考者。

在相当长的一段时间里，市场资本主义经济，在全世界范围内获得了较好的运营。从发达国家，到后发国家，在其发展的不同阶段都证明了这一体系的有效性。但在全球化日益深入的时代，一场金融危机让我们不得不产生这样的怀疑：这一体系是一成不变并且一直有效的吗？面对已经和即将到来的各种危机，已有的市场经济体系能够像过去那样发挥作用吗？

全球金融体系的运行方式、贸易壁垒、巨大的收入差别与随之带来的民粹主义、环境恶化、法律规则的失效、教育和公共卫生的失败，是这个体系自身在金融危机中所暴露出来的问题。现在的问题是，这个体系的参与者加剧了体系自身的问题，企业和政府都没有履行好自己的角色。如果不对各自的角色进行重新调整，市场经济体系将进一步恶化。

企业应当成为直面挑战的领导者。在他们看来，市场体系的改善不是由政府部门和公共政策变革驱动的，而是由企业和个人发展、创新商业模型以及改善管理实践推进的。同时，企业的全球化也决定了企业比政府具有更宽阔的视野。跨国公司领导者的权威可以跨越国界，在全球范围内推行创新性的解决方案。

在未来，企业其实可以扮演一个更激动人心的角色：在做好自己事情的同时，通过企业的运营创新，成为改变世界的领导者。

### IBM的调查

IBM公司2009年针对全球跨国公司1000位以上CEO的一份调查中,企业家们对他们面临的挑战的描述,集中在以下几个方面:

企业受到变革的冲击,其中许多企业因为跟不上变革步伐而步履维艰;客户的要求越来越高,这同时也是企业构建差异化竞争能力的契机;几乎所有的企业都在调整企业的业务模式;众多企业都在积极推动全球业务设计;财务业绩出众的公司预见到更多的变革需求,并且能够更好地管控变革,也更加大刀阔斧。

基于以上认识,CEO们对未来企业的特质进行了如下定义:一、渴求变革;二、让创新超出客户想象;三、全球整合;四、颠覆性的业务创新;五、真诚,而不仅仅是慷慨。

任何一家试图在未来市场竞争中能够独领风骚,甚至只想占据一席之地的企业,必须对企业的角色定位进行重新思考。如果仅仅把企业单纯当成一个为股东谋取利润的组织,恐怕很难在未来的竞争中获得优势。对企业角色更加积极的定位,已经成为一种潮流。脸书、谷歌、苹果的异军突起,充分证明了这一点。

始于2008年的金融危机是这种新思考的触发点。在资本主义市场体系遭受危机的现实情况下,不少企业领袖认识到,企业不但要在经济体系中扮演其固有的角色,而且应该在整个社会中扮演更加积极的角色。

创新是一个系统工程,不但包括企业的运营创新,还包括企业的管理创新、科技创新、商业模式创新，等等。但其中最重要的还是科技创新。脸书、苹果、三星、谷歌等享誉世界的大哥大级企业，都是依托科技创新而崛起的。离开了科技创新，谈其他一切的创新都是徒劳的，或者是缺乏后劲，前景也会不明朗。

而科技创新需要独特的种子和土地。我们再来看一则中国的案例。

## 苏州奇迹

在苏州工业园区，南大退休教授孙祥桢告诉我，2011年，他创立的南大光电公司的产值是3.2亿——比起工业园其他公司，这实在是一个不值一提的数字，但与之相比，激动人心的是这家只有一百多员工的企业，利润达1.5亿，差不多每个员工可以创造100万的利润。

这家公司生产用于制造化合物半导体的原材料"MO"源——一种高纯度的金属化合物。除了他们，全世界只有三家美国公司可以生产这种原料。尽管由于南大光电产品的出现让市场价格急剧下降，孙教授和他的公司依然轻松地享有看起来高得惊人的利润率。没有人会指责通过科技创新获得的高额利润是暴利，这就是科技创新的魅力。

南大光电科技创新的种子来自著名的"863计划"。上世纪80年代中期，中国半导体领域注意到金属化合物半导体材料的崛起，以及这种材料在各种领域中，尤其是航天和军事领域中的广泛应用。比起传统的硅半导体，以氮化镓等为代表的化合物半导体具有效率更高、性能更好的特点。用化合物半导体制造的卫星电池要比硅电池轻30%，制造的军用夜视装备的清晰度显著提高。

在完成了"863计划"的基础研究之后,孙教授看到了这项研究背后未来诱人的前景,一个高达数千亿元的庞大产业链。如果攻克"MO"源的产业化难题,国家为此支付的前期科研费用将得到真正的回报。

在中国传统的科研体制中,科研成果往往结束于论文的发表和小范围的应用。这缘于国家科技人才和经费大多集中在官办科研院所和大学。而这些科研机构远离产业,既没有将结果产业化的动机,也没有条件。即使一些直接为航天、航空、军工等服务的应用型科技创新,也由于这些领域本身的封闭性而面临同样的问题。

2000年孙教授代表南京大学和苏州工业园区成立了国有的南大光电公司,开始真刀真枪地致力于"MO"源的产业化。在科研不断突进的同时,资金上的捉襟见肘一度让南大光电陷入破产的边缘。在最困难的时刻,通过稀释国有股份,引入新的民间创投基金,解决了南大光电的资金问题。这次股权结构的变化,让南大光电的创新机制发生了根本性的变化,创始人和研发团队获得了高比例的股权激励,研发者的艰辛付出获得了清晰的回报。这种机制成为此项"863计划"的种子成长、开花、结果的肥沃土壤。

在苏州工业园区的纳米科技园区,我采访了另外一位创业的科技工作者——苏州华微特粉体技术公司的总经理胡晞。三年前,胡晞和他的创业伙伴把公司从北京中关村搬到了苏州工业园区。从日本留学十年归国的胡晞,在日本时就从事纳米科技的研究,在中关村时,胡晞和他的团队培育出了自己科技创新的种子——纳米氧化铝,这是一种可以让陶瓷、涂料等各种材料特性产生巨大变化的神奇粉末，一家德国公司是这种材料在全世界唯一的提供者。

在中试成功后，华微特把产业化的基地设定在苏州工业园区。在胡晞看来，这里的优势无可比拟。首先，中科院纳米研究所设立在这里，国家投资一亿元人民币设立的纳米技术检测平台，向所有的研发单位开放，不但可以随时检测自己的阶段性成果，而且可以得到检测结果的分析和建议。园区内聚集了国内众多的纳米技术的研发者，也为大家提供了技术上互相学习和借鉴的平台。其次，苏南地区成熟的产业集群，可以为研发者提供从原材料、设备元器件到成熟技术工人的便捷服务。发达的工商业多年来积累的财富，也让园区可以有大量的资金投向那些看起来处于初创阶段、风险极大的项目。而多年积累的管理经验、极高的办事效率和强烈的服务意识，也让开发园区对于科技创新型企业的帮助显得极为专业。虽然在产业化的道路上，华微特前面的道路依然漫长，但这种无可替代的综合优势，却让胡晞及其团队对未来充满了信心。产业配套和服务水平，同样为科技成果产业化提供了肥沃的土壤。

从美国硅谷回国创业的刘圣，是另外一个科技创新种子与土壤的案例。目前其创立的苏州旭创科技公司，已经成为国内唯一的生产40G和100G高速光电模块的中国公司。刘圣的创新种子来自美国，他看好了未来"云计算"所带来的巨大产业前景，决定回国研发制造云计算的关键部件——高速光电模块。在公司尚未注册的时候，苏州工业园区中新创投100万美元就已经到账。这家2000年开始设立的科技创新孵化基金，在不断为创业企业提供天使基金、风险基金的同时，自己也不断发展，目前已经形成从天使基金、风险基金、股权基金、母基金到债权担保等全面的金融服务。从2008年创业开始，几乎每一年，在企业发展的每一个阶段，都向公司提供了适合当时条件的投融资服务。专业化的梯级金融服务，是科技创新种子得以成长的另外一种肥沃土壤。

这三个案例体现出的，其实是一种科技创新产业化的共同规律。科技创新是一个种子培育、生根、发芽、拔节、抽穗、成熟的过程。在这个过程中，土壤和天气的因素甚至超过了种子的重要性。这种成长环境包括企业的体制机制、产业集群的配套、全方位的金融服务，任何一个要素都不可或缺。

如果说在工业化时代，科技创新更多的来自于科学家个人或者企业的创新能力，那么在信息化时代，科技创新的产业化则是由多方面要素构成的系统工程。离开合适的土壤和温度，单凭个人和企业的能力很难实现。

## 学会和全世界做生意

一个中国人不愿意接受的事实是，中国公司在海外的声誉不是很好。

找对象的、卖书的、搞杀毒软件的、弄社区网络的、玩游戏的、做车轮子的……最近一段时期内，中国公司赴美上市潮让人不由得产生一点疑惑——看起来美国的证券市场真是一个海纳百川的包容之地，不管什么行业、不管多大规模、不管赢利还是亏损，都可以成功登陆华尔街，当然，不管是做什么行业，最好都要和互联网相结合。

这阵势让我不由得想起几年前冯小刚导演的电影《大腕》，现在看来，把一个美国著名导演在中国的葬礼放到纳斯达克上市，并非是一个彻底不靠谱的玩笑。当然，前提是这场葬礼要嫁接一个网络概念。

2011年以来，中国概念股在美国股市风起云涌。截至目前，赴美上市的国内企业已达12家。如果从以搜房网在2010年9月上市为标志的最新一轮上市潮算起，共有38家中国企业成功赴美上市，融资总规模达到45.57亿美元。从目前各自的日程表看，盛大文学、58同城、迅雷等企业在美国上市将接踵而来。

不过，随着丑闻和传言不断地被放大，市场上风云变幻，中国公司赴美上市的好日子似乎不再那么顺理成章。国内企业赴美上市，正在遭遇前所未有的信任危机。

数据显示，170家在纳斯达克上市的中国公司，约130家股价出现下跌，46家跌幅超过30%；而在纽交所上市的77家中国公司中，有52家股价下跌，12家跌幅超过30%，多家中国企业上市"破发"。更加令人难堪的消息是，多家中国企业在美国股市遭遇停牌，其中有4家企业遭遇退市。

有评论称，这些针对中国公司的丑闻传播，是来自卖空者的"阴谋"，他们试图通过对数量空前的海外上市中国企业发起攻击，唱空中国概念股，以从中渔利。

但是，每一个熟悉中国商业氛围和中国公司成长方式的人，都会毫不怀疑造假指控坐实的可能性。

现在看来，众多中国赴美上市企业，正在联手毁掉中国新兴创新型企业的好名声，毁掉来之不易的融资平台，毁掉那些正在写字楼里雄心勃勃的创业者本来可以预期的未来，也在毁坏中国企业和中国经济，乃至中国人的整体形象。

这种损失绝不仅仅是这些上市公司和他们投资人的损失，欠账者是他们，还债的却是众多中国企业和中国人。

因此，虽然这些公司的假账发生在美国会计制度的审核之下，但经营场地都在中国，中国的相关税务等部门也应当对涉案公司进行积极的调查，让这些无节制消费中国企业信用的公司，没有藏身之地，付出它们应当付出的代价。

## 三一和丰田的区别

中国企业走出去，需要学会跟世界做生意，即遵守世界规则，不要用中国通行的潜规则去闯关，否则代价巨大。而且，真正有实力的中国企业开拓海外市场，应该了解当地的相关政策，评估相关风险，把进入前的情报管理工作做得风雨不透，这样才能防患于未然，以免陷入被动之地。

尤其是在欧美投资，中国企业更要注意。想到中兴在印度遭拒、华为遭到美国国会的抵制等这样的例子，我们不得不提醒和建议，在欧美国家投资兴业，最好是找到当地的利益共同体，这样有助于避免风险的爆发。

三一集团的案例具有血的教训。

好好的一桩生意被美国总统以国家安全的名义否决,三一集团决定向美国法院状告美国外国在美投资委员会和美国总统奥巴马。

显然,对于受损企业来说,这是一种自然并且可以理解的反应。作为外国公司,三一集团的这次起诉是有史以来的第一次。三一集团董事向文波称,虽然案件结果无法预料,但过程比结果更重要,诉讼更多的是为了中国企业的尊严而战。在对方主场"要个说法"的勇气可嘉,但一场为名誉和尊严而战的战斗到底是意气用事,让自己今后的海外投资之路更难走,还是像一些专家解释的那样,给中国企业应付海外投资的障碍积累经验,结果很难预料。

此时,对于中国企业来说,比起通过法律手段要个说法更重要的,是如何吸取经验教训,让今后的决策更加智慧和周全。

从不久前美国国会众议院情报委员会公布的针对华为和中兴通讯在美购并的报告,到总统直接否决中国公司的投资项目,美国在WTO的框架下难以找到限制中国企业投资的依据之后,开始拿起了国家安全的武器。这种理由显然不够充分,按照同样的逻辑,恐怕除了宝洁这样卖洗发水的公司,包括IBM、微软、甲骨文等众多的美国公司,都无法在中国取得一单生意、完成一个购并项目。

从政府到国会再到媒体,美国对于有科技含量、有竞争优势的中国企业在美国的发展充满了担心,尤其是在大选之前,两党都想从刁难中国公司的行为上获得政治好处,这让对中国公司的围剿达到了空前的高度。

但美国的利益从来不是铁板一块,美国的各种政治力量在维护自身利益的时候从来不会羞羞答答。作为新来乍到的投资者，中国公司最需要找到并携手的，是中国投资的利益相关者，这其中包括美国消费者、产业的上下游。但更加有战斗力的同盟军，显然是州、城市的地方政府和被购并企业的员工。中国企业更多地能够明确给美国社会带来就业机会，支持的声音一定会出现。

在美国，就业永远是政府的头号工程，美国的选举制度决定了这一点，无论是全国性的总统选举，还是一个千把人口的市镇的选举，都是这样。2012年10月16日，奥巴马和罗姆尼在纽约州一所大学内进行第二场辩论会时，面对的一个问题就是一位大学生提出的对未来就业形势的担忧。两位竞选者都信誓旦旦地保证，如果自己执政，会对就业带来何等的希望。我统计了一下，在总共进行的十一个问题的交锋中，有六个问题或多或少地与就业相关。在整个辩论过程中，中国被反复提到了20次，和就业相关的内容是：中国抢走了美国的就业机会，对手应该为这一点负责。

2012年9月底，奥巴马和罗姆尼同时在著名的"摇摆州"俄亥俄州竞选。而与此同时，在他们竞选活动所在地的一个城市，市长就在举行一个论坛，邀请的都是中国企业家。这位市长在两年里三次来中国招商引资。显然他要的"政绩"是就业，而不是GDP。如果有充分的沟通，这些市长们、州长们很可能成为中国企业的同盟军。

其实，当年日本企业开始进入美国进行大肆收购的时候，曾经也有一些高科技的公司，例如生产特殊钢材的公司，也曾被以国家安全的理由拒之门外。但随着日本在美国的投资越来越多，解决了越来越多的就业，日本企业在美国的投资环境不断改善。在争取美国盟友支持的策略上，最成功的要数丰田。

丰田在向美国公众沟通的广告词中，使用的是这样的词句："38.6万——到达月球的公里数＝丰田为美国创造的就业机会。"丰田目前70%以上的利润来自北美，其海外48家工厂中，10个设在美国（9个toyota品牌，1个subaru品牌）。

在进入美国市场的这些年里，丰田总是在任何时候，都不断地强调为美国带来的就业机会。在印第安纳州投资2.3亿美元生产佳美轿车的同时还宣布，这将为该州创造1000个就业机会。印第安纳州州长米奇·丹尼尔斯将丰田称之为"杰出的企业公民"，同时宣布，一个由丰田赞助的项目，已向洛杉矶低收入社区的1500名青年传授了汽车维修技术。

虽然曾经遭受过不小的风波，但美国人对丰田汽车和日本汽车企业的态度已经从根本上得到改变。其主要原因正在于，丰田给欠发达的美国南方带来了大量的就业，成为当地百姓和政客的座上宾，他们相互之间自然结成了利益共同体，成为政治上的盟友。

反观中国企业，到目前为止的各种报道中，很难寻觅到这些企业与被收购企业及当地政府和民众的沟通情况，对其投资带给当地的就业岗位更是看不到。在美国，这些企业没有找到或者可能根本就没有进行这样的工作——通过带来就业岗位，寻找利益同盟，让他们在该说话的场合为自己说话。

对于国际市场依然心存抱负的中国企业来说，找到方法可能比表达愤怒更重要。

**打好海外并购游击战**

不但是在欧美，在其他海外市场，中国企业同样要打好海外并购的游击战。

类似吉利对DSI、三一对普茨迈斯特的并购，花钱不多、动静不大，但迅速弥补了中国公司在技术上和销售网络上的短板，其引发的当地政治上的反弹、并购带来的财务压力和文化融合风险，都要小得多。

近几年来，中国大型国企虽然实力雄厚，但在海外并购的过程中充满了波折，很多看上去很美的收购，最后迫于政治压力或股东分歧而功亏一篑。在目前世界的政治格局下，中国国有乃至民营企业对国外大型知名公司的收购，必然会遇到重重阻力，来自被收购企业国内的排斥和防备心理，是通过商业谈判和巨额资金无法释怀的。

二十多年前，日本企业对美国的大举收购，也曾带来美国社会的强烈反弹。当时的日本企业被突然增值的日元财富冲昏了头脑，大量的收购都是冲着美国最具象征意义和高知名度的公司及物业，这种突然而至的气势汹汹，必然会引起从政客到普通民众的逆反心理。当过多的非商业因素左右商业行为的时候，麻烦必定接踵而至。

中国企业进军海外市场的环境和理由，与当年日本企业的情况完全不可同日而语。对日本企业来说，当初大举进军海外，是因为受到欧美贸易保护不得已的举措，直接目的就是让生产基地和市场地域合一，避免贸易保护壁垒。也就是说，这是因为本土市场狭窄而不得已的做法。而中国众多企业的主战场在国内的市场和其他发展中国家市场。

在并购上获得技术，比寻求市场更重要。

比起"蛇吞象"式的收购，目前我们看到的工程机械领域的众多收购，更像是零敲碎打的游击战，而不是声势浩大的阵地战。

不同类型的中国企业按照自己的特定需求，有针对性地购并技术领先的中小型企业，既提高了购并的可行性，又容易消化，将风险降到最低。通过长时间分散的购并行为，在引发反弹最低的状态下，不断地丰满自己的羽翼，并最终逐渐成长为全球性的技术领先公司。

这应该是一条更加可行的并购路径。

## 新工业革命机遇大于挑战

当今世界，正处在新工业革命时代。这个伟大的时代最明显的标志，是移动互联网的普及、大数据时代的来临和3D打印技术的广泛应用。

### 又一个黄金时代

移动互联时代的到来，为人类开启了又一个黄金时代。目前，全球正在经历半个世纪以来的第三次重大科技周期。之前的两次分别是20世纪50年代和60年代的大型计算机时代，70年代到21世纪初的互联网的时代。现在正在进入移动互联时代，更多的用户将通过移动设备连接互联网，而非台式计算机。

移动互联时代，彻底改变着人们之间的鸿沟，更多的人登上了互联网这个列车，如数字阅读的大部分群体是农民工、军人和农民就是明证。过去台式机被认为是知识的象征、高科技的象征的说法，被彻底颠覆了。根据一项调查显示，苹果系列产品的普及速度是美国在线的11倍以上，也比Netscape浏览器快若干倍，这一切的幕后功臣则是3G技术的普及。

科学技术的进步，导致人类的生存和生活状态发生革命性的变化，这在历史上数见不鲜。移动互联网的兴起，彻底改变了人类的生活方式。

在黄金时代，随着移动互联网应用的常态化，传统的生活方式发生重要改变，互联网的创新性应用创造了大量新的需求。谁能抓住移动互联时代的脉搏，谁就能创造奇迹。

### 大数据引发的巨变

今年，"大数据"这个词越来越多地被媒体广泛提及。人们用它来描述和定义信息爆炸时代产生的海量数据，并命名与之相关的技术发展与创新。如果说"云计算"更多地和信息产业的发展未来有关，而"大数据"对未来的影响面则广泛得多。

作为一名传统产业的从业者，你可以不理会云计算的发展趋势，但每一位企业的领导者，尤其是商业和服务的从业者，如果你依然把"大数据"像"云计算"一样当成信息产业的事，那么在未来发展路径的选择上，你很可能错过重大的机会，甚至因此在竞争中落败。

有关大数据，有这样一个通俗易懂、广为流传的一个故事：

美国明尼苏达州有一名父亲，怒气冲冲地跑到沃尔玛卖场质问其主管，为何将带有婴儿用品优惠券的广告邮件，寄送给他正在念高中的女儿？然而后来事实证明，这名父亲的女儿果真怀孕了。沃尔玛是通过这名女孩搜寻商品的关键词，以及在社交网站所显露的行为轨迹，捕获她已经怀孕的信息后，投递广告邮件的——在大数据时代，商家可以比父亲更了解他的女儿。大数据对商业的改变，这仅仅是个露出水面的端倪。

在有关大数据的各种论著中，最著名的是一本《大数据时代——生活、工作与思维的大变革》，作者在本书的开篇给出的另外一个故事是这样的：

2009年出现了一种新的流感病毒，全球的公共卫生机构都担心它的大规模蔓延，他们迫切地想知道流感传播到了哪里，是沿着什么路径传播的。通常，他们只能等到事情过去之后，才能根据门诊量得到数据，而这种滞后数据的价值实际上已经大打折扣。事情出乎意料的结果是，谷歌的工程师们代替流行病专家们找出了流感传播的流行病学传播途径和速度——谷歌通过统计人们在网上对和流感相关的关键词，如"感冒药""喉咙痛""发烧""咳嗽"等的搜索数据，准确地找到流感的传播路径。他们对比了过去两年美国疾控部门对流感传播的总结报告，发现过往的搜索数据和流感的传染路径相关性达到97%。也就是说，今后疾控中心完全可以通过谷歌的搜索数据，第一时间掌握流感的传播方向，而不是事后统计。

比起前一个商业故事，这个故事更能激发人们对于"大数据"应用范围、应用方式的野心。所谓"大数据"并不是一种新技术潮流，而是在信息技术高度发展之后，人们如何开发利用数据，为新的商业模式发展奠定基础的过程，是一种基于新工具的新的解决问题思路。就像这本书的副标题所描述的那样——大数据引发的是一场"生活、工作与思维的大变革"。

## 3D打印的挑战

"3D打印"是"增材制造"技术的一种通俗化表达。它是通过电子制图、远程数据传输、激光扫描、材料熔化等一系列技术，使特定高分子材料或者金属粉材料熔化，并按照电子模型图的指示，一层层重新叠加起来，最终把电子模型图变成实物。而传统的制造方式被称为"减材制造"，机器的零件通常先被铸造或者锻造为粗糙的毛坯，然后用机床切削出可用的形状。在这个过程中材料会有较大的浪费，而"增材制造"克服了这一弊端。这也是3D打印被看好的另外一个重要原因。

因为美国总统奥巴马在国情咨文中多次提到3D打印，把3D打印作为美国重振制造业的一条可行路径，一些人担心，有了3D打印，中国及其他发展中国家的劳动力竞争优势将不再存在。更多的工业品可以在离消费最近的地方打印出来，用最短的物流时间送达消费者手中，而不像现在这样远渡重洋。

在家中可以随心所欲地制造出你想要的任何东西，是3D打印最大的噱头。"3D打印要全面替代传统制造业，以后就不用工厂、不用车间、不用工人，不用出门，美国人自己就能够在家打印想要的任何东西，而不再需要从中国进口。"一些缺乏基本科学知识和科学素养的学者和记者，不断在媒体上传播这种声音，引发人们对中国制造业的强烈担心。真的如此吗？

其实，即使在最容易实现的日用品领域，3D打印目前也没有完全进入商用阶段。3D打印机只用来打印模型，即使是一只杯子，也是不能用来喝水的，因为制造这只杯子的打印材料，目前还不符合环保的要求。对于大部分普通工业品来说，标准化的工业生产是质量的保证，没有人会热衷在家里自己制造本来就物美价廉的工业品。即使材料科学有了长足的进步，大部分工业品的生产也不会被取代。

3D打印技术虽然能够打印出形态各异的产品，但产品的商业化是一个成本核算、材料约束、工艺水平、物流约束等多方面因素综合比较的结果，而不仅仅取决于形状的随心所欲。

3D打印的用武之地，一方面在于传统生产方式不能生产制造的个性化、复杂、高难度的产品，另一方面适用于前期投入成本大、数量小，不能通过数量摊薄成本的产品。3D打印技术不可能，也没有必要全面替代传统制造业。

现在看来，3D打印产品最广泛的应用，应该发生在医疗和航空航天领域。在医疗行业，助听器、假牙、假肢等产品必须和身体更紧密、精确地结合。长期以来本身就是定制的，无法实现工业化生产，导致了费用的高昂。而航空航天领域同样是无法靠数量来摊薄前期设计和模具费用的领域。

2013年1月18日，国务院向"飞机钛合金大型复杂整体构件激光成形技术"颁发国家技术发明奖一等奖。这是3D打印在中国制造业最成功的应用。这项技术制造的飞机承重构件的尺寸已经超过美国。在航空领域，中国激光钛合金成形技术已经得到了广泛的应用。在航空领域，一方面数量上不适合大批量生产以摊薄成本；另外，如果采用传统的减材制造方式会有大量的损耗，例如发动机叶盘，最后剩下的成品只占原体积的7%。而通过3D打印制造的发动机叶盘，抗疲劳强度比锻件还要高，制造时间也比传统锻造大大缩减。

钛构件3D打印在飞机部件制造上的成功，来源于国际上钛增材制造材料上和激光设备的成熟，站在相同的起跑线上，中国3D打印科研人员迎来了新的机遇。但同时也要清醒地看到，传统制造技术的落后，恰好是中国在3D打印技术上前进的最大瓶颈。因此，所谓绕过传统制造技术，直接在3D打印领域取得突飞猛进的梦想是很难实现的。

对于中国企业来说，虽然中国早已是个制造大国，但制造业真正的核心——高精度的机加工设备，中国并不拥有优势。从某种意义上来说，一种新的制造方法出现的时候，对行业将是一次新的洗牌。对中国企业来说，这是一个机遇。但要把握这个机遇，其先决条件恰好是传统制造技术水平的整体提升。这一关，不会因为3D打印技术的成熟而绕过去。

同样，移动互联时代和大数据时代的到来，对中国企业来讲也是机遇大于挑战，如果努力学习创新，中国企业一定能后来者居上，通过对新技术的掌握和消化，完成技术革命的跨越式发展，从而实现质变，立于世界竞争的不败之地。

# 第四章

# 创造力从何而来

## 拷问教育过度产业化

一个最大限度地发挥了个人创造力的社会,才是一个国民梦想最大限度实现的社会。

创造力,是依托每一位个人的能力而生的,教育在个人创造力的培育中,占据了第一重要的位置。因此,最大限度激发一个国家创造力的保障,就是教育需要能够最大限度地培育国民的创造能力。

当然,个人创造力的最大发掘,同时还取决于国家对个人创造力方向的引领与支撑能力,因此,国家对整个民族创造力发展方向的引领与支撑,也负有不可替代的作用。

15年前,教育产业化一度引起中国社会上的大争论。不过,这场争论的根源,早在21年前就已经埋下。

1992年,《中共中央、国务院关于加快发展第三产业的决定》指出,教育事业是第三产业中对国民经济发展具有全局性、先导性影响的基础行业。第三次全国教育工作会议上，江泽民强调，要切实把教育作为先导性、全局性、基础性的知识产业和关键的基础设施，摆在优先发展的战略重点地位。《关于深化教育改革全面推进素质教育的决定》则更明确地提出要"发展教育产业"。

不过，那个时候社会对这个文件并没有多大的反响。5年之后，也就是1997年，东南亚金融危机爆发了。

东南亚金融危机引起了全球经济的动荡，中国的外贸出口形势严峻。中国经济靠对外出口增长受到了挑战，专家学者们开始主张，中国应该多从内需上想办法，以促进经济增长。

当时，有6万亿元的居民储蓄趴在银行的存款账户上，不过中国人天生爱存钱，加上社会保障制度不完善，使得居民们虽然有存款，但是不愿意花。

怎么样让居民愿意消费呢？于是一些经济学家向中央献策：以教育产业拉动内需，因为教育收费是刺激国民消费的好办法，中国人向来省吃俭用，但孩子上学的钱是断然不会省的。

当时测算的结果是，高校扩招100万人，全国就可拉动2%的GDP，以每年25%～30%的扩招速度，3年内使我国高校的招生量扩大一倍，从每年200万人扩大到400万人，新增学生全额自费，即每人年均缴学费1万元，每年可收取学费200亿元，这部分学生在校增加消费40亿元。根据我国的投资乘数估算，这240亿元就可带来1000亿元的投资和最终消费。

教育产业化一词一夜之间，成了社会关注的焦点。这场大争论从上个世纪末，一直延续到2005年前后。有人反对，也有人赞成。到了今天，又是一个10年快过去了，争论已经平息，但是中国的教育却实实在在地走了一条渐进的产业化之路。

虽然教育部称"从来未提过教育产业化"，但这并不妨碍中国的教育已经变成一项赢利事业。

教育产业化的大发展，最直接的体现就在大学招生的反常规快速增长上，因为学费上涨后，多招学生，就可以多收学费。

在扩招前一年的1998年，大学招生107万。1999年，扩招的头一年就多招了50万。到了2005年，规模扩大了四五倍。斯坦福大学校长说："如果斯坦福大学的校园增加一倍、学生人数也增加一倍，那么，我们这所大学要花20年才能达到原有的教学质量。"中国高等教育只用了七八年时间，就走完了国外大约二三十年的发展历程，毛升学率一下子从9%上升到21%。

"教育产业化"的过度发展，对我国的教育危害不可低估，主要表现在以下几个方面。

一些人以"教育产业化"为幌子，过分强调受教育者应承担教育成本，强调学校教育的经济收益和眼前利益，堂而皇之地将教育变成商品，以谋取高额利润；一些地方官员在教育产业化的旗号下，忽视了教育的公共属性，忽视了教育的社会效益和长远利益。

这种态度对公众造成误导，并被部分民办学校的出资者和举办者作为牟取利益的依据。一些地方不仅将其高中、技校这种非义务教育阶段的国有教育资源出让给民营资本,甚至把优质的初中、小学也以"改制"的名义卖掉。

此外,一些优质公办小学、初中或高中,以种种借口收取借读费、择校费、赞助费等,把政府应该负担的部分教育经费,转嫁给了社会和学生家庭,导致教育领域的逐利。

在此背景下,拉关系、走后门、买分数、权钱交易等社会丑恶现象滋生。过度的"教育产业化",进一步拉大了学校之间、不同人群之间的差距,造成受教育机会、过程以及结果的不均等,极其损害教育的公平。

这些教育产业化过度形成的乱象,导致一些地方、一些学校教育价值失衡,教育行为失措,学校功能变异,学术精神沦丧。

学校急功近利,教育成功标准衡量偏向严重短期化、功利化,最终必然会影响到中国教育的整体质量,影响到中国整体创造力的培育。

当然,在拷问教育产业化的同时,我们也应该看到,教育产业中部分功能的市场化,是世界普遍现象。

实际上,美国等一些西方发达国家的教育产业化做得是很成功的。美国等国家甚至主张,教育应该完全市场化。比如美国经济学家弗里德曼曾经说过一句话:"公共教育制度缺乏必要的市场竞争的约束,效率低下,资源浪费。学校对学生,学生对自己的学习均不负责。要改变这种状况,通过以往的改革措施是无效的,唯一的出路是走市场化道路。"

今天西方发达国家的教育产业,已经成为其重要的经济产业,美国、英国等国家的教育，已经成为国民经济成长最快的一个部门，每年大量吸收国外留学生，美国的教育产业，甚至成为其克服次贷危机的一项重要创收产业，取得了很大的经济与社会双重效益。

中国人口世界第一，因此教育产业化的发展，确实在很大程度上满足了国民对教育的需求。但是，中国的教育产业化，绝不能是全盘的产业化，而是应该有个严格的边界：教育中不该产业化的部分，坚决不能产业化。

而要做到这一点，国家财政应该保持较高比例的投入，投入比例至少应该占到财政收入的4%以上，使得教育不要为钱烦恼，从而最大限度地保证教育的非功利性，以及最起码的公平与公正，让教育对国人创造力的培育责任，不被扭曲。

## 让学术远离官僚

如果说教育是培育一个国家创造力的摇篮的话，那么学术研究则是一个国家的创造力工厂。这个工厂是高效还是低效，也基本决定了一个国家的创造力水平。

几十年来，中国的学术与科研机构为中国经济的发展做出了很大的贡献，使得中国完成了在工业化道路上对其他国家的追赶。

现在，中国的经济产业，已经基本布局完成，西方发达国家有的，中国也差不多都有了。在这个时候，学术与科研机构的使命，也从以模仿与追赶为主，变成了以创造与创新为主。

也正是这个要求与期待，让中国学术与科研体制中，许多对创造力与创新力有约束、最有危害的问题，纷纷浮出水面，而这些问题中，对学术创新约束最大的，就是学术研究官僚化问题。

这个问题在中国有着深厚的历史传统。中国古语说，"学成文武艺，卖给帝王家""学而优则仕"，等等，都把学问与做官联系起来。加之中国当前的学术与科研机构，其基础都是计划经济时代的中国所打下来的，科研机构与学术机构所赖以生存与发展的平台，都是国家财政提供的，因此，学术机构的官僚化，具有天然的基础。

广为诟病的学术官僚化，首先体现在高校管理行政化、官僚化方面。在这个问题上，又可以具体分为两个方面，一是政府对学校管理的行政化倾向，一是学校内部管理的行政化倾向。

政府对学校管理行政化倾向，主要体现在政府给学校确定行政级别上、对高校校长等重要领导人员的任免上，以及对高校内部管理的干涉权限方面。

高校内部的管理行政化，则主要体现在高校的行政化设置、教师队伍的等级划分，以及由此所派生的评估评优、学科设置、专案立项等关系到学术工作者的根本利益的各项工作，也出现行政化倾向，并过度地被权力所干预。

此外，在高校的职称评定、奖金、住房等衍生待遇问题上，行政化、官僚化的色彩也十分浓厚。官僚化思想的存在，让这些"待遇"向高校的行政官员倾斜。比如，某些在系里评不上教授的教师可以走"曲线"转到行政岗位上，不用很久就成了"管理教授"。

高校是学术研究的重要机构，但是，由于行政化的管理，使得一些高校的衙门气息十足，行政权力远超学术影响力，外行领导内行是普遍现象，而种种过细的规则，则把大学管得死死的。在这样的大环境下，千校一面、行政化、官僚化的趋势愈演愈烈。

高校行政化与官僚化的后果是，权力被壮大。权力成为比学术更为有效的上升之路。试想，一个学校的杰出人才，如教授、副教授不用心做学术，不用心搞教学和研究，而是一门心思要当院长、副院长、校长、副校长，一旦上位，就能管理其他同行，这样的习气无疑会让学术被弱化、矮化、异化。

国家对大学的行政化管理，以及学校内部的行政化、官僚化倾向，也必然会导致教育和学术受到过多的行政干预，这会阻碍学术自由环境的形成，不利于学术的发展与进步。

权力向大学渗透，大学成为权力的附庸，由此造成大学独立性消解，依附性增强，向权力的献媚导致大学尊严的萎缩。如果大学教师需要削尖脑袋，盼官、媚官、跑官和争官，才能获得学术资源，获得影响力，那么中国的高校还怎样培养人才？

大学管理的行政化、官僚化，可以说是中国学术官僚化的一个最典型代表。在中国高校里出现的这种官僚化现象，在许多学术机构里，也同样出现。

今天常见的一些现象都反映了这种尴尬。比如官员兼任导师，有的人身居政府领导高位，但仍身兼几个院校的博导，指导着几十位博士生。又比如省部级官员入选院士，在职官员兼任、退休官员转任全国性或地方性学术单位的负责人，等等。

学术机构成了"政工干部养老院"，而那些真正有影响的学者却难以进入学术领导机构。学术资源按"权"分配，学术成果论资排辈，学术评定考核谁的权大谁说了算，自然成了学术园地的寻常风景。

几千年的官本位历史传统，加上半个多世纪的行政化传统，使得官僚文化在中国的大学与学术机构中潜移默化，这种影响甚至已经超越了行政管理体制自身，并积淀成了一种文化，一种心理认同，乃至于成了群体共有的思维方式和习惯性的行为方式。

官场与学术其实是两条完全不同的路，甚至是完全相反的路。官场要求上令下达，上行下效，不能领导说一，你说二，对于行政与官场来说，这是最基本的要求，是合理的，否则行政管理就乱套了。

而学术则要求百花齐放、百家争鸣，要求"独立之精神，自由之思想"，因此拿行政管理的那一条来管理学术，就会适得其反，就会压制学术创造性。

而那些做基础学术研究的，更需有"板凳要坐十年冷"的精神，官僚习气，官场的急功近利，都与之背道而驰。

因此，学术机构的官僚化，危害甚大。它不仅使学术攀附权贵，学风浮躁，失去独立自由的品质，窒息创新、创造的灵魂，导致学术思维僵化和创新能力的矮化。同时，也诱惑着更多的新生代学者朝着官阶攀缘，使学术后继乏人，面临荒漠化的风险。

学术官僚化，还容易导致学术腐败。"官本位体制极大挫伤了广大科研人员自主创新的积极性，也造成学术腐败和浮躁现象。"全国政协委员茅玉麟曾经的感言，至今已觉不新鲜。所谓学术方面的腐败，是在学术研究中的不正之风，比如：人情交换论文、金钱交换论文、权力交换论文；挪用、私分研究基金；剽窃、强占他人成果，等等。学术腐败扼杀的是民族的创造性，侵蚀的是民族发展的活力。

可以说，对学术机构官僚化的危害，早已经有了定论，但是，鉴于传统与习俗的强大，改革并不是一件容易的事情。为科技创新创造更好的环境，扫除"官本位"拦路虎，委实不像扫地除尘那般轻松和惬意。

要让学校与学术研究摆脱行政化的桎梏，首先政府应该放权，把办学权力交给校长。对这个问题，政府已经意识到，2010年2月27日，时任总理的温家宝在和网友连线时明确指出："教育行政化的倾向需要改变，最好大学不要设立行政级别。"

其次在学校内部，行政权力应该更多让位于学术权力，学术发展有其自身内在的运行规律。因此，学术机构应按照学术运行的特点来管理。高等院校通过董事会、学术委员会、教授委员会等方式管理学校，而不是做什么事都是靠行政命令，谁权力大谁说了算。

让学术研究这个中国的创造力工厂，最大限度地脱离官僚习气，还原其本来面目，我们需要有高度的紧迫感，因为经济的竞争最终是创新的竞争，创新的竞争最终是人才的竞争，而人才的竞争最终是创造力的竞争。从这个意义上来说，中国学术研究的今天，就是中国经济的明天。

### 创造力有方向吗

愚蠢而又勤快的人，干得越多祸害就越大。因为在错误的道路上，越努力、越有创造力，就会离正确的方向越远。

对国家而言，更是如此。在以国家为竞争单位的当今世界，一个国家的创造力总是会显示出不同的方向。而一旦创造力的方向有误，那么，这个国家不仅会失去机会，还会在竞争中落后，因为整个国家的资源，都浪费在了错误的方向上。

这一点，历史为我们提供了一个很有说服力的例子。

上个世纪80年代，日本通过技术追赶，最终获得了与美欧平起平坐的经济与技术地位。在此时刻，美国、日本与西欧，都面临着国家未来创新方向的重大抉择。

日本、美国与西欧都根据自己的不同考虑，选择了不同的国家创新与突破方向。

日本选择了自动化技术，其重点是人工智能。1986年12月通产相公布了《人类新领域研究计划》即第五代人工智能，为期15～20年，耗资约1万亿日元。这是一项"同SID和尤里卡相匹敌的日本高技术计划"。它的目标是："从本质上弄清生物体的各种机能，从而人工利用这些机能。"

日本选择人工智能为国家创造力发展的方向，是日本的国家战略思想所决定的。因为日本的人口密度，在当时的世界上已经属于最高，日本未来人口扩张的空间已经很小，因此，发展一种完全替代人力的技术，就成了日本当时的国家战略方向所在。

这一点，日本也确实做到了，今天日本的自动化与机器人技术，在全世界是最领先的。但是，日本的这一技术却成为日本后来战败的一个重要原因，因为后来美国推动了经济全球化，日本的人力不足问题，在经济全球化时代成为一个伪命题。因为发达国家之外的50多亿人口，足以为世界经济的发展提供廉价的劳动力。也是因为如此，日本的自动化技术，只能成为日本自娱自乐的技术，没有吸引各国资本的跟进，日本自动化技术的良性循环，也没有形成。

日本的技术方向决策错误，让日本在后来的20年中，不仅经历了失去的10年，还要面临着技术上的重新补课，就是掉转方向，在信息技术上重新追赶美国。在进入90年代的日本，信息化程度远落后于美国。

在上个世纪80年代的时候，没有人相信日本人在信息技术方面的创造力，会比美国更差一等。但是，20多年后，日本人在信息技术方面的创造力，似乎被全体阉割了一样，难道日本一个信息技术的聪明头脑都没有吗？

非也。是日本国家创造力方向的错误，让日本人的聪明才智缺乏了一个最基本的创造力平台，而美国人恰恰遇到了美国政府主动打造的这个创造力平台，于是，就有了后来各种让世界各国叹为观止的创新。这就像今天日本人在人工智能方面的一些创新，让美国人也自叹不如一样。

而美国人则选择了信息，作为当时的国家创新突破方向。一样也是根据美国的战略利益来决定的。

美国的战略目标是要做个全球性的帝国，因此要求更快捷的信息处理与传递能力，以保证帝国的决策不僵化，与此同时，美国的金融自由化与全球化，要求更快的信息传递与处理，因此，选择信息与网络技术，其目的，是要推进美国全球帝国管理的更高效。

在国家创造力方向的竞争中，美国人被证明是胜利者，美国不仅在信息产业上获得了突破，并将这种产业拓展到全球，从而使得美国的产业投入，获得了良性的循环，并同时将全球更多的资本吸纳进入了美国人控制所有核心技术的这个产业链条。而这个产业链条的最大受益者就是美国。

日本在国家整体创造力方面的失败与美国的成功，说明了一个道理：国家创造力方向的确立，必须与该国的国际政治地位以及所拥有的国际资源相适应，美国选择信息与网络技术，是因为霸权需要全世界范围内的信息快速传递与处理能力，霸权国家在全球都有利益要维护，因此，快捷的信息处理与传递能力，保证了美国能够及时应对全球各地对其利益的挑战。

而日本后来不得不冷落了本国的技术战略，而在90年代中后期之后，重新倒向美国的信息技术产业，在这个产业里补课，则更是不得已的做法。它加大了美国在这个产业里的优势，加大了美国的信息技术产业对全世界资本的控制能力。

## 国家与个人相向而行

那么,未来中国的国家创造力最重要的前进方向是什么?

不妨从中国梦实现的判断标准来观察。毫无疑问,中国梦首先是物质财富上的充足,也就是说,中国人的人均消费水平,至少要达到今天的西方发达国家水平的高度。

考虑到中国有近14亿人口,相当于今天发达国家人口的总和,西方国家通过300多年的资本主义积累,才达到了今天的这个水平。近14亿人口的生活水平如果达到了这个地步的话,那对当今这个世界,将是一个翻天覆地的变化。

也正是因为如此,一些西方人视此为威胁。比如2010年4月14日,美国总统奥巴马在接受澳大利亚广播公司记者克里·奥布莱恩采访时,就说过一句话:"如果超过10亿的中国居民,过着澳大利亚和美国人一样的生活方式,那我们都会陷入十分悲惨的状况。"奥巴马的这番话,在西方是很有市场的,这种心理,其实正是"中国威胁论"的一个心理来源。

当然,从中国人的角度而言,中国梦是一个为世界带来机会而不是带来灾难的中国梦想,因此,中国物质财富的极大丰富,当然不是建立在与西方世界进行你多我少、你赢我输的零和博弈上的。

因此,中国的物质财富要达到支撑14亿中国人实现梦想的程度,需要中国创造力的极大发展，推动各种科技创新，提升生产效率。

而其中几个重大问题，则是回避不开的。其中第一个大问题，就是能源问题。生活水平的提升，必然会带来物流以及人流密度与广度的极大提升，这就需要解决动力问题，也就是能源问题。能源，就是中国梦能够点亮的燃料！

当前，美国占世界4%的人口大概消耗了世界40%的能源。要按照美国的标准的话，中国14亿人口，需要消耗掉世界80%的能源。

中国人要过上美国的生活方式，哪怕是其消费能源的一半，也需要世界能源供应出现一个爆炸性的增长。

虽然目前看起来，这只是个市场问题，但是，如果真的中国到了需求那么多能源的地步，那么可以想象，能源的价格一定会涨到非常高的地步。中国经济增长的红利，将被能源垄断者所拿走。

目前，中国能源中原油需求的70%以上，要经过海洋运输，而海洋通道是掌握在美国的海上霸权之下的。因此，美国的海上霸权，可以说是扼住中国梦所需燃料的第一道关口。

美国的海上霸权并非是唯一的钳制，当今世界所有的原油交易，都是以美元进行的，中国可以要求中东国家接受原油人民币交易吗？

很难，几十年来，石油的美元定价交易，让沙特等中东产油国家，其经济差不多已经"美元化"了。虽然他们在政治上不喜欢美国，但原油交易去美元化是难以出现的，首先OPEC国家就不会真正同意去美元化，他们顶多是用"去美元化"来诱惑中国、日本以及欧盟，来为他们的工业化输送技术，为其建设基础设施。而他们愿意付出的，也就是美元。

美元的利益已经在很大程度上，与这些产油国的利益捆绑到了一起，更何况，美国的军事威慑就近在咫尺。因此中国必须以美元购买石油，而这一点，则又决定了中国必须继续大规模地通过输出物质财富，来赚取进口原油所需要的美元。

那么，中国可不可以自己去非洲找油，或者到美国控制之外的其他国家，比如俄罗斯、中亚各国，去寻求能源的稳定供应，来解决能源问题？

这就遇到了美国遏住中国能源的第三道关口：美国对原油价格的操控权。当今世界，原油价格的起落，可以说基本掌握在美国人手里。

美国凭借强大的军事、政治与金融综合影响力，可以按照本国战略需要，来操控原油的价格。这一手段，上个世纪70年代对西欧，80年代对苏联，美国都使用过。

上个世纪70年代，为了打击西欧对美元的挑战，美国利用第四次中东战争，让石油价格涨了3倍；而到了上个世纪80年代，为了对付苏联，美国利用自己的原油价格操纵能力，让世界原油价格下降了2/3。当时，中东两个产油大国，伊朗与伊拉克先后打了8年战争，但是原油价格就是不涨，苏联本来依靠原油出口积攒外汇的，原油价格的下跌，让苏联的财政赤字空前扩大，通货膨胀极度恶化，导致了后来的解体。

因此，从中国提升人民生活需要的本身来说，能源问题是第一个必须解决的问题。而从国际政治角度来说，当今世界美国霸权的基石之一，便是美国的石化能源霸权。美国通过美元与军事，基本控制了世界原油的价格。石化能源的霸权，是美国全球霸权的重要支柱，其与货币霸权以及军事霸权一起,成为美国霸权的基石。

因此,对中国这样一个极度依赖外部能源的大国来说,突破美国石化霸权的创新,就应该是中国创造力突破的一个重大方向所在:这个方向也就是新能源技术。

一旦在新能源领域获得突破,中国将连破美国霸权的几重防线,这些美国花费巨大经济、军事实力所打造的霸权防线包括:美国的海上霸权,石油美元。

当然,新能源只是中国未来创造力突破的一个重要方向,除此之外,中国未来创造力的突破方向,还有很多。

但是,我们必须明白一点,这种国家创造力方向的确立,并不是个人的聪明才智能够做到的,不是任个人放任自流地进行创造与创新,让市场决定一切,就能发展起来的。

一个近在咫尺的例子,就是印度。印度自称为最大的"民主国家",人口逼近中国,奉行完全的自由市场经济。印度建国以来,一直奉行让民众创造力自由发展的宗旨,其结果如何呢?

结果是,今天的印度,其国民的整体创造力水平都停留在比较低的层面,即使在印度引以为骄傲的信息网络技术与软件行业,印度人也没有什么可以拿得出手的成绩,更是难以望中国之项背。在全世界10大互联网公司之中,印度一个席位都没有,而中国则占到了4个席位。

# 第五章

# 新型城镇化路在何方

## 新型城镇化，一场牵一发而动全身的革命

改革是个大词，包罗万象，要想取得良好成效，需要抓住其中的要害，也就是纲举目张。回顾改革开放30多年的历史，某些环节的改革具有这样牵一发而动全身的关键作用，比如上世纪90年代上海资本市场的设立，牵涉国企改革、税制改革、银行体系改革等方面，所以成为中国经济体制改革的抓手。

20多年后，中国改革进入了深水区，改革需要寻找新的突破。新的牵一发而动全身的改革抓手在哪里？毫无疑问，城镇化是这样一个抓手。

十八大可以说是城镇化的一个转折点。十七大报告全篇提及城镇化仅为两次，"十八大报告"全篇提及城镇化多达七次，报告将城镇化列为未来20年中国"新四化"的一项重要内容，提出要促进工业化、信息化、城镇化、农业现代化同步发展。

2012年11月，时任国务院副总理的李克强公开表示，中国未来几十年最大的发展潜力在城镇化："13亿人的现代化和近10亿人的城镇化，在人类历史上是没有的，中国这条路走好了，不仅造福中国人民，对世界也是贡献。"此后他又多次讲到，要将城镇化这个最大内需和改革这个最大红利结合起来。

没有比城镇化更能牵动全局的了。提起城镇化，首先想到的一般是盖房子。没错，房地产以及相关的水泥建材、建筑业等是城镇化不可回避的领域，这些建设少不了金融的支持，所以城镇化又涉及金融业。往另外一个方向想，城镇化可以联系到智慧城市、城市群等。再往深处想，发展城市需要土地，又涉及土地制度。人要进城，又涉及户籍制度。农民进城需要公共服务投入，这又涉及财税制度。

总的来说，城镇化有三个层面，一是经济学派的城镇化，强调拉动内需；二是社会学派的城镇化，讲的是人的城镇化；三是地理学派的城镇化，讲的是城市群和城市空间。所以，城镇化是一系列经济政策和公共政策的结合，选择什么样的路径，其结果可能千差万别，说它牵一发而动全身一点都不夸张。

其实，改革开放三十年来，我们一直在推进城镇化，也取得了举世瞩目的成绩。但是其中也存在着诸多的弊病和缺陷，比如全国一哄而上的造城运动，超前规划，超前建设，导致大批鬼城、空城，从外观上看，千城一面，毫无个性；土地城镇化远远快于人口城镇化，城乡二元土地结构下的城镇化，部分演变为对农民土地的掠夺，伴生强拆与自焚的噩梦；名义城镇化率远远超过实际城镇化率，2亿农民工游走于城乡之间，进退两难……

这是GDP教条下的城镇化，虽然在短时间内迅速改变了城市面貌，但其代价同样惊人，不但难以持续，同时也违背城镇化的初衷。

城镇化的本质是人由农村迁居到城镇，寻求更高的经济回报和更美好的生活，而不是去欣赏城市里美轮美奂的高楼大厦和八车道的宽敞马路。同时，它也不意味着是对乡村的消灭，而是要实现城乡的融合，构筑新乡土中国梦。新乡土中国是对乡土中国的改善和提升，而不是消灭。它必须建立在对乡村的还权赋能之上——说白了，要把权利还给农村和农民。

所以，新型城镇化不是浪漫的口号，而是利益结构的重新调整，是真刀真枪的改革。需要改革的方面许许多多，其关键是打破城乡二元制度安排。

国务院总理李克强指出："中国发展最大的差距是城乡差距和区域差距，这也是现代化建设最大的难题。从城乡看，6亿多农民与6亿多城镇人口的收入差距超过3倍；从区域看，东部人均国内生产总值平均超过8000美元，中西部最低的地方只有1000多美元。缩小城乡差距，要靠城镇化，发展现代农业，推进城乡一体化。"

城乡差距的背后是城乡权利的不平等。建国初，中国为了实现快速的工业化，以人民公社为组织保障，阻挡农民向城市迁徙的步伐，并强行压低农产品价格供给城市。改革开放后，农村打破了人民公社的枷锁，但仍然面对不合理的制度安排。最大的不合理在于土地，城市的国有土地可以高价流转，农村的集体土地却无法自主入市，非得经过政府的征收变成国有土地之后才能拍卖，在这个过程中，农民只能获得为数可怜的补偿款，而政府却挣取了几十倍乃至几百倍的高额土地级差收益，农民喝汤，政府吃肉。当然，政府说，这些钱并不是拿去吃喝玩乐了，而是拿去建设了城市，修了路、种了树、盖了楼，等等。这自然没错，但在这转换的过程中，既充斥着暴力拆迁，也充斥着寻租，本该农民拥有的部分财富，落入了贪官的腰包。而政府主导的城市开发，也造成巨大的浪费，导致空城、鬼城林立。如果换一种思维，换一种路径，城镇化的过程本可以更为平和自然，更为科学高效。

同时，集体土地、农民的房屋，也不能像国有土地和市民的房屋那样用于银行抵押，无法资本化，这同样束缚着农村的发展。所有这些都需要制度安排上的变革。如中国资源战略专家宋健坤所指出的，当下中国农村"因文化建设乏力，导致价值引力丧失；因教育培训存在盲区，出现社会恶旧之习倒流；因社会管理效率低下，致使社会基层结构稳定性差。改进这'三大不足'是中国城镇化建设所必须担负的社会改造重任"。

中国的城市和农村，不像是亲密的兄弟，而像冷漠的仇敌。旧的"城镇化"充满着城乡博弈：城市里是凭借强大资本实力窥视廉价土地已久的"利益阶层"，其中很大一部分人是改革的既得利益者；农村里则是想通过土地换身份，来实现城市梦的农民们。

新型城镇化的终极目标就是要化敌为友，新乡土中国应当打破城乡间的冰冷，实现城乡融合之梦。希望即将到来的新型城镇化能够以崭新之姿态，清除旧的糟粕，剔除落后的羁绊，推动历史的前行。

## 别让2.6亿人成为火药桶

近几年来,中国的社会矛盾出现了一个新的形势——在东部发达城市里的,外地的农民工与本地人发生激烈冲突。这样的冲突在2011年就集中发生了好几起——6月份发生于广东潮州市潮安县古巷镇和广州增城新塘镇的打砸烧事件,10月发生于浙江湖州市织里镇的事件。

广东和浙江为富庶之地,古语"苏湖熟,天下足","湖"即指湖州。在当前中国的经济格局中,两省更是名列前茅的经济重镇。三起恶性事件发生于此二地,令人大跌眼镜。而原因也如出一辙。

潮州事件中,19岁的四川籍民工熊汉江,在讨薪时被当地老板雇人砍伤,引发本地人和外地人的互殴。增城事件中,治安队员推倒四川开江籍孕妇王联梅,激怒外地打工者,发展至打砸烧。织里事件因征税人员在征税过程中与安徽籍小业主产生肢体冲突而起,外地人向镇政府申诉未获及时处理,却因堵路与当地一名车主发生纠纷。车主强行通过,撞伤聚集的安徽人。安徽人以打砸汽车、店铺等实施报复。其后,当地人又联合起来,袭击安徽人和皖籍汽车,实施反报复。

笔者赶到织里镇时,本地人已经"转守为攻"。这是一副紧张、恐惧与狂欢、激情交织在一起的场景。数百上千人将马路堵住,见到有车辆过来就盘问一番,如果是安徽籍司机,就威吓、追打、敲砸。人群因汽车从不同路口的出现而开阖、流动。一位瘦高个子,染黄头发的安徽年轻人想侥幸穿过人群,却被认出,随之而来的是一阵拳打脚踢。一辆三轮车载着四五个人驶近,人群中一位中年女性喊"打",车上的人急忙用四川话喊:"老乡,是老乡。"人群中有人模仿四川口音说:"四川滴,放行。"三轮车一溜烟逃窜,人群中一阵哄笑。

织里事件中值得反思的环节很多,比如税收的设计、政府的应急处理能力等。不过更值得探讨的是,本地人与外地人长期处于一个经济、生活的共同体中,有的是老板与员工的关系,有的是房东与租户的关系,他们之间的互信为何如此脆弱?他们之间的敌意是如何产生的?又当如何化解?

潮州、增城、湖州,三起事件足以说明,此类事件并非孤立现象。这类冲突需要放在中国快速城镇化的背景下才能得到解释。

中国改革开放30年,开创了许多人类历史的新纪录,其中一项是和平时期的人口迁徙纪录,30年间,共有3亿多农民——平均每天2.7万多农民从农村迁徙到城市。一幅惊人的城镇化人口大迁徙画面。

2011年,中国的人口迁徙达到一个高峰,城镇化率首次超过50%,这意味着城市人口首次超过了农村人口。相关数据显示,截至2012年底,中国城镇人口达到7.12亿,人口城镇化率提高到52.57%,达到世界平均水平。专家预测,到2030年,中国城镇化率将达到70%,接近发达国家水平。

数字也是会骗人的,需要小心甄别。中国社会科学院发布的2013《城市蓝皮书》认为,中国真实的完全城镇化率仅42.2%,比国家统计局公布的常住人口城镇化率低10.4个百分点。这表明,按照市民化的标准,目前中国城镇化率大约高估了10个百分点。

《城市蓝皮书》指出,当前中国城镇中农业转移人口处于快速稳定增长阶段,现有总量约2.4亿人,占城镇人口的1/3左右。而国家发改委城市和小城镇改革发展中心主任李铁的估算,比2.4亿多了2000万人,为2.6亿。

这2.6亿人与城镇人口的区别在哪里?由于他们没有当地的户籍,所以在教育、就业、医疗、养老、保障性住房等方面,都不能平等享受到城镇居民的基本公共服务。举例来说,他们的孩子不能在所在城市入读公立学校。这几年有些城市做了一些改革,规定在办齐暂住证、居住证明、就业证明等证件的情况下,允许农民工子弟借读。

但在现实操作中,仍然有各种各样的困难。对于那些菜农、商贩等打工仔来说,他们难以办齐这些证件,尤其是就业证明。即使办齐了,由于公立学校学生名额有限以及学校对外地人的偏见,他们仍难以取得入学资格,只能就读打工子弟学校。而打工子弟学校又因为资质等问题屡遭取缔。

即使获得了借读的机会,他们侥幸在城市里完成了义务教育,还将面临中考尤其是异地高考的门槛。按照规定,他们只能回到原籍参加高考。

可是,他们还回得去吗?答案是不能。各地的教育程度甚至教材均不一样,回去高考意味着让学生重新适应一套系统。更何况,许多家庭已经举家定居在城市中十多年,老家的房子都倒塌了,让他们如何回去?

其他方面也同样如此。农民在农村拥有新农村合作医疗，可是当他们来到城市，却无法将新农合随身带过来，也就无法在城市里享受医保。他们如果在城市里缴纳了养老保险，却又没办法带到另外一个城市或者带回老家。关于住房，廉租房是不对外地人开放的。至于最低生活保障，他们也同样无法申领。

隔阂无处不在，最深刻的隔阂是心理上的。本地人虽然在经济上接纳了外地人，在心理上却未必。织里事件中，安徽人反映，撞人的车主说"撞的就是你们安徽人"；增城事件中，有人称，治安队员放出话来，"打的就是你们外地人"。这些传言未必真实，却在外来人群中发酵，激起仇恨情绪。这反过来又增加了本地人对外地人的敌视。笔者在织里现场亲见特警抓捕了几位参与打砸的安徽人，当他们被押上警车时，围观的本地人爆发出热烈的掌声。

消除文化心理的隔阂是持久战，但制度的安排却可先行。以制度增加外地人的归属感，恰恰是当下所最缺乏和急需的。这些外来打工者，有的已在此居住十多年，却从来未享受过任何社会保障，孩子上学亦无法解决。而在其老家，不少人的土地已因征地拆迁所剩无几。他们在家是农民，在外是"流民"，进退失据。这种局面唯一的结果是令外来人口以他乡为壑，仅把自己当成一名过客，而不是理性的建设者。织里镇当地一位基层干部介绍，他们在大街上义务清扫垃圾时，楼上租住的外来打工者竟突然扔下来一包大便。

三地均是外来人口集聚地，数量远超本地人口。当务之急，应在中央统筹之下，建立覆盖外来人口的公共服务分享体系，如此方能消除外来打工者的"流民"心态，对流入地产生归属感和责任感，以他乡为故乡。否则，这2.6亿人就会变成一个巨大的火药桶，只要有一点火星，便可能酿成大祸。这是未来中国的一大隐患。

## 用"化人"代替"化地"

回顾过去十几年的城镇化历史，有一组数据很说明问题：2000—2010年，全国城镇建成区面积扩张了64.45%，而城镇人口增长速度只有45.9%。土地的城镇化速度，要远快于人的城镇化速度。

说白了，在城镇化的浪潮当中，地方政府对土地的兴趣超过了对人的兴趣。为什么会这样？

原因说起来很简单——"化地"能生财，而"化人"却需要花钱。我们知道，城市发展是需要钱的，钱从哪里来？自上世纪90年代分税制改革之后，中央收走了大部分财权，增值税中央分享75%，地方分享25%；企业所得税中央分享60%，地方分享40%。财权大头归中央，但是事权的大头却归地方。2006年，中央与地方财政收入的比重分别为52.8%与47.2%，而中央与地方财政支出的比重则分别为24.7%与75.3%。也就是说，2006年，地方本级财政收入与地方财政支出的缺口大约为财政总收入的28%左右。当然中央会对地方进行转移支付，但算上转移支付，地方财力维持公共支出尚可，要想城市大发展却难。

可现实中我们看到，近年来，中国的城市面貌日新月异，这钱从哪里来？很大一部分出在土地上，因为土地出让金归地方政府所有。山西大同，一座300万人口的三线城市，在过去5年中，发生了翻天覆地的变化，由原来人称"世界上最丑陋的城市"，变成了一座现代派十足的城市，八车道的笔直马路，国际大师设计的大剧院、体育馆、图书馆等现代建筑，打造出一线城市才有的现代文明。这是五六百亿元资金投入的结果，而其中接近一半，也就是250亿元资金来自于土地出让。

土地来自于哪里？一部分来自于城市内部的土地整理，更大的部分来自于农民。通过廉价征收农民土地转为国有用地，再经过招拍取得高额土地出让金。笔者调查过的宁波一起征地，政府以每亩9万元的标准给予农民补偿，经过政府征地、拍卖，当年拍出每亩1500万元，相差150多倍。这是一个农民利益受损的过程，所以导致全国范围内的抗拆事件，最激烈者采取了自焚等方式。

这就是全国普遍的"经营城市"之道：以铁腕拆迁为保障，以修桥铺路等基建为先导，吸引开发商，以出让土地为核心，以银行贷款为补充，密集投入资金进行城市改造。

这种模式的利弊都非常突出，利在能够迅速改变城市面貌，提高城镇化率，弊在损害了农民利益，同时盲目扩大了城市面积，以及土地卖完之后的难以持续。

再看另一方面，城镇化过程中，城市为什么不愿意"化人"，将已经事实上在城市里长期居住的农民转化为市民呢？

这个症结，根源也出在体制上。中国实施的是城乡二元户籍制度，户籍人口与非户籍人口在公共福利待遇上大不相同。将一个农民转化为市民，意味着地方政府要花出去真金白银。

根据国务院发展研究中心对重庆、嘉兴、武汉、郑州4个城市农民工市民化成本的调研，嘉兴市小学生的教育经费约为每人每年5000元，中学生约为8000元。随着入学的农民工子女数量增加，一些城市还要新建学校，支出就更大。这是教育方面的城市化成本。而医疗方面的城市化成本，一般由单位和个人负担，政府不需要增加成本。但有些城市为提高保障水平，推出一些新的保障项目，因而政府会进行相应的补助。养老保险方面的城市化成本，虽然当前政府并不需要增加成本，但长期来看，在职工退休开始领取养老金以后，政府很可能需要进行补贴。另外因为农民工平均收入低于社会平均工资水平，这将使农民工的养老金水平大于其本人缴纳的统筹部分，从而产生养老金亏空。

此外，农民工市民化，政府需要支出的还有低保等其他社会保障支出、城市管理费用及保障性住房支出等。

国务院发展研究中心的调研结论是："农民工市民化的人均成本在7.7万元到8.5万元之间，差别不太大。其中子女教育、保障性住房等是需要政府短期内支出的，约为2.4万元，占1/3左右。远期的养老保险补贴平均约为3.5万元，约占一半。而其他各项社会保障，如低保、医疗救助、社会管理费用等支出，则将从农民工成为市民开始，持续很长甚至农民工一生的时间，平均每年约为560元。"

其余几个机构的研究也表明，农民工市民化的成本人均不超过10万元。

对于外来人口，东部沿海地区近年来也逐步使他们享受到一些公共福利，最表面的比如办理公园年票，大一些的包括申请公租房、子女入学等，但大多在公共预算之外完成。也就是说，在地方财力有富余的情况下进行某种恩惠性的支出，并非公共预算的硬约束。而一旦将他们市民化，这些支出则必须纳入到公共预算之内。

东部某个GDP近2000亿元区的区委书记告诉笔者，农民工市民化将带来沉重的财政压力。如何才能发挥地方的积极性？他说："改革财税体制，将税收更多地留给地方。"这代表了多数地方主政者的心声。

所以，城镇化的健康发展，必须触及深层次的体制改革。

当然，也不能因此就忽略地方政府的责任。国家发改委秘书长杨伟民建议，由中央政府、地方政府和市场来共同分担农民工市民化的成本："中央政府可以加大财政转移支付的力度，主要用于教育、医疗和社会保障支出。地方政府通过财政配套承担一部分，主要用于廉租房等住房成本支出。剩余的资金可以通过市场解决，由于农民工市民化的资金投入多属于一次性投入，不妨考虑通过发行债券的方式来筹措资金。"

在具体步骤上，可以先易后难，让那些具有稳定职业、缴纳税收、享有社会保障和固定住所的农民工及其家庭成员先转为市民，然后扩大范围，循序渐进，逐步化解。

这是一个现实可行的做法。

## 要新城,不要空城和鬼城

2013年夏天,一次偶然的机会路过了传说中的"鬼城"鄂尔多斯康巴什新城。虽然此前对这座城市多少有些耳闻,但亲眼目睹,康巴什那种雍容华贵的气派仍让我感到震惊,应了那句话——百闻不如一见。

那毫无疑问是一场视觉盛宴。鄂尔多斯大剧院的大圆(歌剧厅)和小圆(音乐厅),分别取蒙古族妇女的头饰为造型,占地宏大,设备一流。鄂尔多斯文化艺术活动中心,以"天圆地方"为设计理念,建筑上部乳白色的轻盈变形体,象征着天空、白云、空气、水和乳汁,隐喻着女性、舞蹈、飘逸的哈达与自由、浪漫、吉祥;下部浮动的方形,象征着草原和大地,隐喻着男性、力量、阳刚之气和朴诚、方正的含义,方与圆的结合,和宇宙模型的对应,体现人与自然的对话。鄂尔多斯博物馆形似外星人飞碟,实则寓意饱经风雨磨砺侵蚀的磐石……

这些只是鄂尔多斯豪华建筑的其中几个,其余政府机关、商业楼盘、住宅地产均不逊于一线城市的景观,的确堪与成吉思汗当年缔造的"恢宏皇城"相媲美。

康巴什位于内蒙古鄂尔多斯,这里是富裕的煤炭之城,人口有150万。只用了5年时间就建成的康巴什,设计初衷是要成为鄂尔多斯对外展示的市中心。然而,最初为100万人居住、生活和娱乐而设计的这个地方,却几乎没有人居住。穿行在康巴什,宽敞的马路上车辆稀少,漂亮的城市中心人流稀少。媒体报道称，这不就是美国大片中被灾难洗劫过后的鬼城吗？虽有夸张，但也反映了康巴什的尴尬。

类似康巴什的城市在中国越来越多，媒体整理出了中国十大鬼城名单。除了康巴什，还有辽宁营口、河北唐山、宁夏海原、京津新城、江苏常州、贵州贵阳、浙江温州、河南呈贡、海南三亚。

出现鬼城的浅层原因是高房价让许多原本的投资者变成了投机客，购买大量房产，待价而沽，造成了大量楼盘高高耸立，而几乎没有人住的奇观。但深层次上却有一个推手在背后推动。

这个推手就是地方政府。近年来，全国各地踊跃造新城，形成一股大兴土木的竞争之风。全国不少城市都提出建设"中心城市""大城市""超级城市"的口号，言必称纽约、芝加哥，仿佛不建成纽约、芝加哥这样的超级城市，是一件很丢人的事。

发改委城市和小城镇改革发展中心2013年6月一份名为《新城新区建设现状调查和思考》的调研显示，12个省的156个地级以上城市中，提出新城新区建设的有145个，占92.9%。12个省会城市全部提出要推进新城新区建设，共规划建设了55个新城新区，其中沈阳要建设13个新城新区，武汉也规划了11个新城新区。在144个地级城市中，有133个地级城市提出要建设新城新区，占92.4%，共规划建设了200个新城新区，平均每个地级市提出建设1.5个新城新区。另161个县级城市中，提出新城新区建设的有67个，占41.6%。

开发新城本身并不一定有问题，如果新城有足够的人口聚集，聚集之后又有产业让他们实现就业，那么造城就不是问题。相反，如果造了一个城，既没有产业来，也没有人来，那就会变成空城、鬼城。所以造城要问三个"哪里来"：钱从哪里来？产业从哪里来？人从哪里来？过去的造城过程当中，钱的问题通过土地出让、资源开发解决了，造成新城林立的局面，但是之后的产业集聚和人口集聚的问题却没有跟上，大批鬼城空城就此诞生。

发改委城市和小城镇改革发展中心的调查进一步分析发现，这些新城新区的规划面积和人口普遍超越现实。在145个规划建设新城新区的地级以上城市中，共有121个城市全部或者部分公布了新城新区的规划人口，合计9672万人，平均每个城市新城新区规划人口为80万，而根据《2011年中国城市建设统计年鉴》数据，抽查的12省平均每个地级市城区人口88.4万，规划的新城新区人口基本相当于现有城市人口。

精明而自信的地方政府领导当然都有各自的计算，他们一般认为，只要把城市环境建设好了，把服务做好了，"家有梧桐树，自有凤凰来"。但是经济学上的合成谬论却表明，每一个局部看上去好像是理性和正确的选择，当它们合起来的时候却是一个谬论。回到造城主题，这个原理的价值在于警示地方政府，精明的并非你一家，只有你一家造城的时候，你当然会赢，可是别人也不傻，当大家都造城的时候，你的如意算盘就要落空了。所以，与其说造城是地方政府盲目决策的结果，倒不如说是自信和精明过度的结果。

这种造城模式不可避免地带来深重的隐患。从表象上看是浪费。数量众多的豪华楼堂馆所和高档住宅闲置着，浪费了宝贵的土地资源和巨额资金投入。

它还可能导致房地产的泡沫和崩盘。前面写过，城市扩张的资金来源很大一部分来自于土地出让金，而土地出让金的获得依赖于房地产开发。房价越高，地价也就越高。所以，是房地产开发推动了城市扩张。但是，房价不可能无限上涨，当房地产需求达到了临界点，地产就会出现饱和。而如果新区开发在规模上出现误判，房地产开发过度，就可能引发泡沫和崩盘。

另一重危险是导致地方债务剧增。除了土地出让之外，造城的资金还来自于银行贷款、地方债券等，但是还款预期仍来自于土地出让。土地出让并非用而不竭的，一是受到用地指标的限制，二是受房地产形势的影响。一旦房地产饱和了，土地经营就难以持续，从而造成还款压力。2013年7月，国务院下发特急明电，要求对全国的政府性债务进行审计，命令审计署暂停所有项目，以便立即开始审计政府债务。这是我国第二次对各级政府究竟欠了多少钱进行盘查。第一次审计得出的结论是，截至2010年底，地方政府欠债10.7万亿元人民币，大约相当于GDP的25%。但各方均认为这个数字有低估之嫌。国际货币基金组织(IMF)2013年表示，中国政府的债务总额很可能更接近于GDP的50%。

中国审计界资深人士张克今年曾对英国《金融时报》表示，中国地方政府债务已经"失控"，可能引发一场比美国住房市场崩盘更大的金融危机。

地方政府以造城为突破口，实现了城镇化表面上的快速增长。然而深究起来，这种城镇化竟与以人为本的城镇化是背道而驰的！试想，那么豪华的大楼，哪里是低收入阶层和农民能够安居之所呢？为了与城市光鲜形象的匹配度，各地采取的措施都是限制低端人口的进入，而城镇化的本质是要吸纳农民进城，让农民进得来、留得住、活得好。这无异于南辕北辙。城市越豪华，城市与乡村的鸿沟就越难以逾越。这正是当下中国城镇化当中的深层悖论。

遏制地方政府的造城冲动，需要在财税体制上做出改革，一方面改革中央地方的税收分成，让地方掌握更多的财力；另一方面，应当推出房产税等改革，让地方有替代土地财政的稳定税源，这样才能遏制造城的冲动，使地方的注意力从造城转移到人的身上来。

但是，更根本的还在于要在制度上对农村"还权赋能"，只有这样才能使城镇化另辟蹊径。

## 还权赋能，构筑新乡土中国梦

广东省佛山市南海区是黄飞鸿和康有为的故乡，如今是一座绿色的小城，街道干净，绿树成荫。

走在这个城市，会有一种恍惚感，你若说她是一座城市，在高楼的旁边会冷不丁冒出几栋三四层高的独立楼房，互相紧贴着，挤挤挨挨，有点像深圳的贴面楼和握手楼，那显然是农民自建的房子。

可是你若说她是乡村，显然也不是，别说城区了，连偏离城区较远的一些农村都没有了耕地。现代化的高楼也表明，这还是更像一座城市。

住在这里的人到底是"城里人",还是"村里人"呢?也没那么容易分清楚。你说他是农民,他早已脱离了土地,住着现代化社区。你说他是市民,他还保留着农民可以生一胎半的计划生育"福利"——一对夫妇如果第一胎是女孩,还可以生第二胎,还有村集体分红。

位于市区中心的百花时代广场与对面的南约村只隔着一条南桂东路。有两个老友,一个是农民,住在南约村,一个是市民,住在百花时代广场。他们经常一起喝茶,农民说:"我家在城市,却生活在农村。"市民说:"我生活在城市,但站在窗边看出去,看到的却是农村。哈哈,你中有我,我中有你。"

似城非城,似乡非乡,乡即是城,城即是乡,这就是南海。走进南海桂城街道的平东社区——原来的平东村,这里的平洲玉器街,是中国产值最大的玉器市场和中国最大的缅甸翡翠玉石集散地,林立的店铺不卖别的,全是晶莹剔透或翠色欲滴的翡翠玉镯和其他翡翠制品。这里称得上寸土寸金,一个一两平方米的柜台,月租金就达到一万多元。屏东社区党委书记、经联社社长的办公室,比南海区区委书记的办公室更为宽敞,年轻的经联社社长举起一张张展板,向笔者展现他们正在做的一些社区规划:高档酒店、商业中心、住宅地产,而平洲玉器街正在努力建设成国家4A风景区。

这是南海的普遍城镇化路径:以产业为先导,吸纳外来人口——平东的本地户籍人口只有4800多,而常驻外来人口2.5万人——在集体土地上自主建设,形成特色的小城镇。这是一条就地城镇化的道路,与政府主导型的造城式城镇化形成鲜明对比。平东村其实已经不是村,而是一个小城市，它不如鄂尔多斯康巴什那么气势恢宏，却有自己的特色，关键一点是实用，按需而建，不浪费。

中国的传统农村是费孝通所言的乡土社会。乡土，乡土，首先是土，乡下人离不开泥土，他们在土里谋生活。费孝通的老师史禄国先生告诉他，哪怕远在西伯利亚，中国人住下了，不管天气如何，还是要下些种子，试试看能不能种地。

这种乡土气息在南海的农村几乎已无迹可寻。早在上世纪80年代的时候，得改革开放的先机，南海农民纷纷洗脚上田，开办小工厂，一时间"村村点火、户户冒烟"，传统农耕退出了历史舞台。

乡土社会事实上已经瓦解，袅袅的炊烟，青翠的稻田，永久不变的邻里，浓浓的乡情……都已成为过去的梦境。一切都变了，农民不再被捆绑在土地上，熟人社会变成了半熟人社会，人际关系从血缘纽带变成了理性的利益关系……

乡土社会瓦解了，人越来越多地转移到城市。而关于城市化的方向，存在着走大城市还是小城镇路径的争议。大城市路径更符合经济学上的效益路径，但以中国13亿人口之巨，不可能所有人都集中到大城市当中，小城镇也是必然的选择。

事实上，纠缠于大城市还是小城镇，并无意义。城镇化的本意就是要让人走进城市，获取更好的经济效益和生活品质。换个思路，如果在村里就能享受城市居民的生活，那岂不是殊途同归，且更胜一筹吗？

南海的城镇化路径正是这样一种相对自然的形态。它的成功得益于其地处开放前沿的地理位置，同时也得益于一系列政策优势和制度安排。

上世纪90年代，随着外资的进入，用地不足成为制约珠三角经济发展的一大瓶颈，向农村要地，走农村城市化道路成为一些地方"冲出重围"的一大思路。在此过程中，"土地入股"作为农村土地集体经营的崭新方式，应运而生。其基本做法是：将农民承包的集体土地以承包权入股，组建社区股份合作经济组织，将土地统一出租给企业主开办工厂，或发包给专业队或少数中标农户规模经营，农民依据土地股份每年享受分红。

这一改革最初正是发源于南海，后被总结为"南海模式"。此后10多年实践证明，"土地入股"取得了很大成功，甚至被誉为"中国第三次土地改革"，珠三角纷起效仿。

土地入股的发明让南海人振翅高飞。但说到根本，这项发明并没有触及制度的根本，所以如今的南海又遇到了新的困难。最大的困难还是在于土地。虽然通过入股实现了土地的规模经营，但是农村的集体土地仍然与国有土地权利不平等——城里人可以办房产证，农村人不可以；城里人的土地和房屋可以抵押，农村的土地和房屋却不可以；国有土地可以流转，集体土地却不可以——说起来可笑，农村人可以到城里买房，但城里人却不允许到农村买房。

南海的困境也是全国的困境，种种二元结构安排使得农村的发展仍处处受限，改革还需要继续深化。

改革的方向就是"还权赋能"，把农民的权利还给农民，实现"城乡平权",尤其是土地上,实现同地同权。

只有实现了城乡平权,乡村才可能走向自主城镇化的道路,打破千城一面的苍白,也省去了政府主导造城的负担,免生那么多的空城和鬼城。政府需要做的是引导,做好公共服务,打造高效透明的政务环境,打破市场运转的桎梏,如此而已。

未来中国的理想图景——新乡土中国梦植根其中。

# 第六章

# 如何阻止道德进一步滑坡

## 逐利有度，降低一个民族的耻点

莫言的小说《酒国》讲述了一个叫作"酒国"的城市。这个城市在现代化的激光照射下，完全变成一座花天酒地的奢侈王国。酒国中人，从上到下皆用烈酒主宰生活。酒让每个人的欲望充分燃烧，并直接成为酒国的血液与灵魂。国中有一侏儒，靠卖由婴儿制成的"婴儿餐"发家致富，于是，国中女人怀孕仅仅是为了出售婴儿，当被出售的孩子因水烫而哭闹的时候，妈妈所关心的并非孩子的痛苦，而是担心烫伤的孩子会影响市场价格。

故事荒诞离奇，酒国中的侏儒和孕妇为了发财致富，竟然不惜将婴儿当成食品原料，完全失去了作为人类的底线。

小说家言，夸张是一种必要。吃人这种事情，现实中除了在大饥荒年代里发生过，一般不会在承平日久的年代里发生。

但如果将酒国里的行为虚化理解为人类对道德底线的击穿，当今这个时代可以类比的事情还真不少。

奶粉本来是用来养育儿童的，但是不良商家却在里边添加三聚氰胺。他们这么做，只不过是因为三聚氰胺含氮量高达66.6%，含氮量越高意味着能冒充越多的蛋白质，而且它白色无味，不容易检测，所以是理想的蛋白质冒充物。

商家这么做，当然可以用最低的成本获得最大的收益，可是却损害了儿童的身体。三聚氰胺其实是一种有机化学的原料，用来做贴面、造纸、防皱用。它压根不是食品添加剂，根本不应该出现在食品里。肾脏还没有发育好的婴儿，吃了这种结晶体形状的物质，会形成肾结石，阻塞泌尿系统，严重的导致肾衰。为了逐利，连孩子都不放过，2008年爆发的三鹿毒奶粉事件震惊了全世界，丢脸丢到了国际上。

为什么会这样？理解这件事情需要有点历史感。

不论在中国还是西方的传统社会，逐利都不是什么光彩的事情。

西方的《圣经》中有这么一段故事：耶稣和门徒们走在路上，一个商人过来问耶稣：我死后可不可以进天堂？耶稣回答说：除非你把所有的财产都捐出来。商人说：那我怎么生活呢？说完就离开了。于是耶稣对门徒说：有钱人进天堂比骆驼穿针眼还要难。

基督教用这个故事告诉世人，财富对想进天国的人是一种累赘。拜金主义，源自玛门（贪婪），是基督教所谓的七大罪之一。耶稣说过："一个人不能侍奉两个主，不是恶这个爱那个，就是重这个轻那个。你们不能又侍奉上帝又侍奉玛门。"

这蕴含着中世纪西方人的价值观，人生的首要目的并不是在现实中获得多少财富，而是死后灵魂能够获得救赎，进入天堂。

在传统中国，人们对于财富的看法与此类似。义和利自古构成一对紧张关系，孔子有言："君子喻于义，小人喻于利。""不义而富且贵，于我如浮云。"孟子也说："何必曰利，亦有仁义而已矣。"

这也反映在对传统职业的评价上，中国古代有"四民"的说法，也就是"士农工商"——读书人、农民、手工艺者和商人。以逐利为本的商人排在末尾，是最没有地位的。

变化开始于文艺复兴和宗教运动。它们将人从神的笼罩下解放了出来，他们主张，是人而不是神，才是万物的尺度。这个观念给了人们重视现世生活的底气，追求物质幸福和肉欲上的满足，反对宗教禁欲主义成为正当。

宗教改革产生的加尔文新教进一步向信徒们宣告：朋友们，放手去追求你们的财富吧，你们将成为上帝的选民。

加尔文宣称上帝在创造人类以前，便将世人分成"选民"和"弃民"两类，选民就是上帝选中的能够得救的人，否则就是弃民。而一个人在现实生活中是否信仰上帝，并按照上帝的道去生活以取得成功，便是"选民"与"弃民"的标志。

现代来临，与此前出世厌世的观念相反，加尔文说的"世界就是我们的修道院"才是新的箴言。而一旦衡量成功的范畴从来世转移到了现世，那么最简捷的标准就是财富的多寡。于是，人们开始积极追逐财富，形成资本原始积累。一位名叫普勒斯顿的清教徒领袖在他的著作中写道："若有人问如何能晓得神在他身上的旨意，我的答案很简单：只要看看神赐给他的产业便成。"

这是现代社会与前现代社会根本区别的一个重要方面，现代社会将逐利视为目的，而前现代社会把财富视为禁忌。物质主义是深刻影响现代制度建设和变迁的大众价值观。

被奉为经济学鼻祖的亚当·斯密进一步为现代人的逐利提供了一种崇高的理论依据：别人购买你因利己而生产的东西，你去购买别人因利己而生产的东西，商品经济得以产生，整个社会渐渐地趋向均衡，最终，个人对"私利"的追求便促成了国家整体的富有和进步。

虽然亚当·斯密的这种理解是片面的（关于这一点之后再论），但是它已经大化流行起来了。

富人就这样穿过了针眼。成功的商人成为社会的楷模，登上了财富榜，才算是真英雄。

我没有要批评商人的意思。追逐财富这事没什么不好，要有谁说不喜欢财富，这个人若不是圣人，就是伪君子，而圣人毕竟是很少见的。

大胆地追求财富，过上更美好的生活，这是相对于前现代社会的重大进步。不过这也有一个前提，逐利要有限度。这个限度就是，不能为了逐利而伤害别人的利益甚至生命。如果那样做了，那就是无耻。所以，三鹿是无耻的。

遗憾的是，在我们这个商品时代，这样无耻的事情不少。有的人甚至把救死扶伤的德行也变成了生意。

2009年10月24日，长江大学文理学院40多名学生在荆州长江观音矶附近的沙市宝塔河段沙滩上秋游野炊。为了救两名不慎落水的儿童，在场的10余名大学生冲入水里，手拉手组成人链施救。荆江无情，营救过程中，流沙塌陷，人链断开，虽然两名儿童获救了，但是三位大学生却沉入苍茫而冰冷的江水中……

事情至此，本是一件可歌可泣的善事。却不料，之后事态急转直下，人性之恶使一件光辉的事件蒙羞。在打捞救人牺牲大学生的尸体时，八凌公司老板向长江大学要价3.6万元，并索要300元的烟酒和矿泉水费之后再开工，且先交钱后打捞，为索钱曾两度中断打捞。

轰动一时的"挟尸要价"事件并非孤例。活跃于这一带的冬泳队员反映，多次见过捞尸公司的船只打捞尸体，船夫打捞到人以后先沉在水里，给了全部的钱才捞上岸。冬泳队员还因为救人被捞尸公司指责为"坏了人家好事"。这打捞公司无耻。

逐利与欲望密不可分，有些人突破道德底线不是为了逐利，而是为了纵欲。校长本应是守护学生的。但是海南万宁第二小学校长陈在鹏却将7名不满14周岁的女生带到万宁市某大酒店开房，并与其中两名学生共处一室。他以金钱为诱饵，引诱两人与其发生性关系，并试图实施强奸，只是因二人的拒绝和反抗而未得逞。这校长无耻。

无耻的还有用皮革废料制作药用胶囊的药厂主，非法拘禁并强迫农民工从事危重劳动的黑砖窑主，用老鼠肉代替羊肉的烧烤摊主等，不一而足。

重复一下，凡是为了一己私利而伤害他人利益和生命的，均属无耻。其余的尚可探讨。

中国有句古训说："知耻近乎勇。"我改造一下：知耻近乎德。人若不知羞耻，与畜生何异？现在的情况是，一些人的耻点太高，坏了社会道德的整体形象，要把耻点降一降。

## 不漠视苦难，这是我们对良心的信仰

小悦悦事件收获了一个悲哀的结局，随着时光流逝，似乎也淡出了人们的视线。但是，历史并未远去，心痛的感觉依然强烈。

现在，我们正是应该静静地坐下来，回顾这桩惨剧，从中汲取教训、反思跟智慧。

一切历史都是当代史，何况是刚刚过去两年的鲜活而锥心的事件呢？

2011年10月13日下午5点30分，广东佛山南海黄岐的广佛五金城里，2岁女童小悦悦在过马路时，被一辆面包车撞倒并两度碾压，随后肇事车辆逃逸。随后开来的另一辆车辆，直接从已经被碾压过的女童身上再次开了过去。7分钟内在女童身边经过的十几个路人，都对此冷眼漠视。只有最后一名拾荒阿姨陈贤妹，上前施以援手。由此引发网友广泛热议。

8天后的10月21日，小悦悦经医院全力抢救无效，于0时32分离世。

斯人已逝。一个还没来得及舒展生命的幼小灵魂，在18位患上社会冷漠症的路人的漠视下，匆匆结束了生命的历程。小悦悦之死给社会留下了一连串刺目的问号。

从最先的监护人义务到司机责任,从路人消极自由的界限到公民德行的养成,从急救常识的缺乏到原子式陌生人社会里令人寒彻心肺的冷漠,这个社会是不是没救了?

面对"陈贤妹救人却被诬以此邀名"的荒谬指责,我们不得不感慨,这个社会做好人真的那么危险吗?社会的良知已经被吞噬到了何种地步?我们的恻隐之心哪里去了?

再深入追问,如果你在那条街上,你会不会伸出援助之手?这个社会还存不存在所谓的"社会道德"?

网络上有人调侃网友大多都是"口头上的圣人":"突然发现,只要是路人,百分之百都是见死不救的;只要是网友,百分之百都是义愤填膺的。就此经过我简单的分析,可以推断,在咱们国家,所有的网友都是不上街的,所有的路人都是不上网的。"

有人看见这段调侃笑了,但是,笑声中却充满了一种直入内心深处的反省。

港媒以《中华民族到了最缺德的时候》为题,向内地冷漠无情的社会投了一记铁血匕首,深深刺痛我们的心。我们看到了一个长长的冷血链和缺德链,当面对这让人战栗的冷血场景时,看着路边的监控视频拍下的那两个残忍的司机、那18个冷漠的路人、那个可怜的女孩时,谁又有底气去反击港媒那个虽刺痛了我们的尊严感,却击中了当下某些残酷现实的标题?

小悦悦事件让全体中国人开始反省过去匆匆忙忙的追逐中忘了检讨

的良知，我们的确需要停一停脚步，让灵魂赶上来。

这样的检讨是为了维护社会的良知和道义，也是为了保护我们自己——全民冷漠的结果，伤害的不仅是他人，也可能是我们自己。如果我们把自己当成18个路人，有一天，我们也可能成为小悦悦。

有一种小玩具叫回旋镖，它飞出去又能自动飞回来。回旋镖的前身是大洋洲土著居民用了数千年的捕猎工具。

社会冷漠症就是一种回旋镖，它在伤人之余还会折回来，伤及自己。

在无锡市中级人民法院公布的"2011年无锡法院十大典型案例"中，位列榜首的一起案件是这样的：

姚某6岁的儿子独自在社区的河道小码头玩耍时不慎落水，当时姚某正路过现场，得知有小孩落水，并没有下水救援。回家后，没有找到儿子的他如有所悟，急忙返回出事河道，发现溺水的竟是自己儿子，并已身亡。事后，姚某以社区居委会没有尽到安全保障义务为由提起诉讼，法院审理认为，当地村委会没有过错，不承担责任。姚某追悔莫及。

对于冷漠的惩罚，竟残酷若此。

漠视小悦悦之死的18个路人同样如此。事后有3位路人表示了内疚，还有一位路人在面对记者的采访时说："我一个字都不会跟你说的。"他的回避，正好反衬出其内心的不安吧。

中国梦不应当是一个冷漠的梦，而应当是一个良善的梦。没错，我们必须阻止社会冷漠症继续发展下去。

美国社会学家丹尼尔·贝尔曾经论及，人类社会的发展经历了三个阶段，在前工业社会，人的生活主要是和自然的斗争。到了工业社会，人的主要职能是生产产品，它是和人造自然的争斗。在这个阶段，人被当作物来对待，因为物比人更容易协调。而到了后工业社会，服务变成了主题——人的服务、职业服务和技术服务——其特点是人和人的争斗和协调。在这个阶段，人不再与机器发生关系，只与他者发生关系。"在后工业社会中，人只认识别人。"贝尔说，"而且必须'相亲相爱，要不就得死去。'"当下的中国正处于工业社会向后工业社会的转型时期，一些人仍具有"物"的特征——生产线上的一个螺丝钉。另一些人已开始只与他者发生关系，但是他们尚未学会协调，更没学会"相亲相爱"。

"相亲相爱"的要求或许太高了，其实许多时候，只要多一点点耐心，少一点点冷漠，就可以避免许多悲剧。

造成冷漠症的原因是多重的。首先，鲁迅先生批判的中国人的看客心理仍在，这是一种消费他人苦难的心理。比如有新闻报道，某男子要跳楼，楼下围观的人群中有人喊："要跳快点跳……"本来还犹豫不决的男子受了刺激，真的跳了下去。这就如同小酒馆里的人嘲笑孔乙己脸上的新伤疤一样。

当然，这样的看客只是少数，"恻隐之心人皆有之"，我相信多数的人心中存着良善。只是这种良善被某些如雾霾一样的东西遮蔽了。

雾霾的一种叫"匆忙逐利症"。在当下这个竞争异常激烈而生活压力逐步攀升的商品社会，人人脚步匆匆，忙于奔波逐利，忙得甚至对身边的苦难无暇顾及。

"步子迈太快,容易扯着蛋",我们应当听听电影《让子弹飞》里汤师爷的这句教导,停下来……不,不用停下来……仅仅需要放慢我们的脚步,等一等被我们拉下的灵魂。

雾霾的另一种叫"避害恐惧症"。与趋利一样,避害也是人之本性,但若避害以漠视他人生命受侵害为代价,那就突破了道德和良心的底线。事实上,对避害恐惧症的形成具有关键作用的南京彭宇案,后来被证明,彭宇确实撞倒了老太太,而不是大众舆论一向认为的那样,是老太太对好人的诬陷。这说明,避害恐惧症是过度恐慌的结果,而不是真实的道德镜像。

还是要相信善的力量。不漠视苦难,这是我们对良心的信仰。

不管是出于乡土社会的遗产还是人的本性,礼义廉耻的因子仍存在于我们的社会生态当中,只要驱除蒙蔽在上面的雾霾,良知将会复活。

## 新技术孕育新道德

关于技术与道德的关系,令人意想不到的是,现代社会最初的道德滑坡多少与技术发明有关。

美国进入现代社会比中国早,先看看美国是怎样的变化过程。承载清教徒精神的是小镇生活。富兰克林总结,世上有十三种美德:不喝酒、沉默、有条理、果断、节俭、勤奋、真诚、公正、温和、清洁、安宁、贞节及谦逊。这些美德最好地体现在美国小镇文化当中。

一个几百户的小镇是一个熟人社会，就算偷个情也难有藏身之地，犯道德错误的成本高到让人望而生畏。美国作家霍桑的小说《红字》讲述的就是这样一个故事。女主人公海丝特·白兰嫁给了医生奇灵渥斯，他们之间却没有爱情。在孤独中，海丝特与牧师丁梅斯代尔相恋，并生下女儿珠儿。海丝特被当众惩罚，戴上标志"通奸"的红色A字示众。在惩罚面前，海丝特拒不说出孩子的父亲。她的丈夫发誓要疯狂报复，最终牧师死在了海丝特的怀里。珠儿获得了新生，而海丝特却终生带着红字。

一个红字代表着一种道德禁忌。小镇的封闭，有助于形成那种不盲目追求物质享乐，恪守道德操守的清教精神。直到20世纪初，这种小镇文化一直是主宰美国文化的主流，直到一场社会新变革将它摧垮。

技术是这场变革的先驱。汽车的发明将人的活动范围急剧扩大，小镇的宗教律令，不再能阻挡人们出走去探索世界和欲望的梦想。封闭的小汽车成为年轻人放纵情欲和冒险的小小乐园。

电影和无线电广播进一步扩大了小镇居民的眼界，放大了他们的梦想，使得小镇的精神看起来更为落寞不堪。人们开始离开小镇，走向都市。都市，真是一个充满欲望的地方，我们只听说过欲望都市，却从来没有听说过欲望乡村。这某种程度上破坏了旧道德。

但是技术的进一步发展又对道德产生了新的正向推动，这主要得归功于互联网。互联网真是一项伟大的发明，它的影响还在发酵，但是已经深刻改变了一些东西。官员的贪腐、包养情妇是人们痛恨的不道德行为的一种，但是因为有了互联网，官员们不敢那么肆无忌惮了。不检点的话，那么，恭喜，你即将被互联网网住。

2013年，溧阳局长在微博上约情妇开房事件，引起互联网一阵狂欢。然而，当媒体联系谢某求证的时候，谢某还惊诧地反问："你看得到我的文字吗？"在新技术面前，谢某显然是个文盲，所以他成了被网住的局长，娱乐了观众，丢掉了乌纱。

围观事件是没有级别区分的，也没有规定"刑不上大夫"。

2012年12月6日上午，《财经》杂志副主编罗昌平在微博上向中纪委实名举报现任国家发改委副主任、国家能源局局长刘铁男，涉嫌学历造假、巨额骗贷、对他人恐吓威胁等问题。

一个记者举报一个部级高官，这场对垒实力悬殊，有点堂吉诃德战风车的味道。的确，若是搁在微博时代之前，记者可能被封杀，甚至工作不保。但是有了微博的助力，尽管过程非常纠结漫长，但是半年之后，刘铁男终究落马。

罗昌平是笔者的同事，一个勇敢的湖南人，他说刘铁男一案只是个人的胜利，而没有普遍性意义。但是，风起于青萍之末，变化总是悄然发生——"围观改变中国"，这不是一句空话。

围观之所以能够改变中国，是因为以网络为代表的新技术带来了公开性和透明性。这种公开性和透明性，使得原本微小的个体也获得了与高官一样的力量，权力在网络世界里被抹平了。"弱女子"纪英男便是利用网络的杀伤力，举报原中办法规室副巡视员、前国家档案局政策法规司副司长范悦与她非法同居，将范悦拉下马的。

网络是平的,弱者可以利用它作为武器来反击强者。现代城市中无处不在的摄像头和拍摄技术与网络的结合,更让不道德行为无处藏身。在上海法官集体买春一案中,爆料人便是利用了跟拍、翻拍继而上传网络的手段。

总之,以网络为核心的新技术使得非道德行为的成本大大增加。这将有助于阻止道德的进一步滑坡。网络威慑下的道德,听起来有点类似于核威慑下的和平。其实不然,新技术带来的道德改善远不止于此,它有更积极的方面。

2013年夏天的某个夜晚,我与朋友聚餐后准备回家,我所在的地方有点前不着村后不着店,很少有出租车经过。我想起朋友推荐的一款名为"嘀嘀打车"的软件,我下载了软件,通过语音留言发出我的需求,一分钟之内就有出租车司机表示愿意前来。

打完电话,手机就没电了,我只好在昏暗中默坐等待。这意味着,我已把回家的希望寄托在了一个陌生司机的信誉上,可是这种信誉在多大程度上可靠?

鬼才知道。

事实证明我有点小肚鸡肠了。大约二十分钟后,正在我狐疑满腹的时候,一辆出租车响着"哒哒"的喇叭声如约停在了我面前。

路上我问司机,如果在赶赴目标的中途遇到其他更有利可图的活儿,你会不会爽约?她说不会,因为一旦那样,她将在系统里留下不良记录,信誉受损后,下次将无法接受预约。同样,如果乘客爽约,乘客将会留下不良记录,影响下次打车。

大都市里的陌生人，通过一个小小的掌上软件，通过每一次看起来简单的预约、履约和违约后的惩罚，无意间重塑了新的社会关系，这种关系不是以乡土社会的宗族和血缘为基础，它的基础是社会诚信。

新技术的魅力在这个过程中体现，它的本意是商业性的，却溢出了重建诚信的社会效果。丹尼尔·贝尔说，在后工业化社会，人们必须"相亲相爱，要不就得死去"，说的或许正是这个意思。

技术改变道德？是的。新技术改变了过去信息不对称的局面，实现了人与人的平等，新道德在这种平等中诞生。需要注意的是，新技术带来的信息流动也可能带来一些负面的东西，比如谣言。对此，政府不应当慌张，更不要因噎废食，去控制信息的流动。事实上，只要信息市场足够开放，便会有足够的信息产出，谎言将在这种开放格局中被人们分辨出，并被踢出去。

## 重建社会纽带，做一个真正的公民

不知道从哪一年开始，卖报的小贩抱着一摞报纸在地铁里穿梭吆喝成为北京一景："特大新闻，刘德华自杀，刘德华自杀。"后来外地来北京的游客总结说，来北京必须体验三样东西："登长城，吃烤鸭，华仔地铁里自杀。"不然就不算到过北京。

在北京工作的人时间久了都知道这是假新闻，但是偏偏有人愿意掏出一块钱两块钱买这样一份"报纸"——其实不过是非法印刷品。更不可思议的是，这些小贩竟凭着卖虚假新闻就可以混一口饭吃。有的人竟一吆喝就是十多年，最多变化一点花样，把刘德华变成宋祖英或者成龙。

在地铁里混饭吃的还有职业乞丐，他们在同一条线路上反复乞讨，竟也能讨得银两，不仅养家糊口，还有人以此养车。我曾亲眼见到一位熟悉的面部烫伤的乞丐从地铁里出来，开着一辆奥拓车潇洒而去。

中招的一般都是外地游客或者刚到北京落脚不久的人。只有在一个陌生人社会里，骗子才有足够的生存空间。北京正是一个最大的陌生人社会，2000年以来，北京市流动人口总量每年增加70万人。而游客方面，2011年北京接待的国内外游客竟突破了2亿人次。如果把陌生人比喻为骗子的潜在客户，那么，北京骗子的潜在客户群可谓庞大，足以让骗子们如鱼得水。

有一种说法："人一旦双脚脱离了土地，道德便会下降。"这话有一定道理，但却没有点明实质。人离开土地之所以导致道德下降，是因为人的流动打破了原有基于宗族和血缘的熟人社会关系纽带和伦理束缚。

在原来的熟人社会里，乡村生活的亲密性也让每个人都很容易意识到诱惑和肉欲的罪恶。但是到了都市，这一切都不再是限制，在那里没有人知道你是谁，没有人关心你从哪里来，也没人关心你要到哪里去。只要你不犯法，没有人干涉你的行为。

在这里，我们都成了精神上流离失所的孤独的原子化的个人。在这里，背叛道德的机会成本远低于传统乡土社会。欺骗、冷漠甚至道德沦丧于是频频发生，人们普遍哀叹"世风日下，人心不古"。

道德不是凭空存在，它以社会关系为基础。也就是说，我们告别了旧道德的土壤，却没有找到新道德的归宿。这个归宿在哪里？我觉得在市民社会。

如果要用一个词来概括中国改革开放三十年的精髓，我选择用"放权"。作为计划年代全能主义的"父亲"，政府从经济领域部分退出，将权力分给了市场，市场经济随之而来。尽管直到现在，中国模式仍受到国家经济主义的批评，但就是这部分的退出，使经济发展获得了惊人的能量，从而有了今天的繁荣。

经济的改革不仅繁荣了市场，也使我们的社会结构为之一变。随着单位人到社会人的转变，社区变了；劳动力的流动冲破了户籍限制，人开始在全国流动了；人的流动又形成了民间组织，社会形态变了。三大社会主体——以政府官员为代表、以政府组织为基础的国家公权力系统，以企业主为代表、以企业组织为基础的创造财富的市场系统，以公民为代表、以社会民间组织为基础的市民社会系统开始产生。这是中国两千多年来难得出现的社会结构的重大变化，影响深远。

那么，到底什么是虚头巴脑的市民社会？市民社会不是政府组织，也不属于企业，它是原子化的个人围绕共同的利益、目的和价值而形成的非强制性的集体行为。

好吧，这更抽象了。不妨说说身边的故事。这几年，我的好几个记者同行都转身去做了公益，最知名的如邓飞，他以500个调查记者为班底发起的免费午餐项目，倡议每天捐赠3元为贫困地区学童提供免费午餐，许多社会名流比如中央电视台主持人张泉灵、演员伊能静等都参与其中，为免费午餐摇旗呐喊。

类似的还有王克勤针对尘肺病人的"大爱清尘"，孙春龙面向抗战老兵的"老兵回家"，都是联合全社会的有心人发起的公益项目。

不光是记者，越来越多的明星、企业家都参与到公益当中，明星如韩红、陈坤、李亚鹏、王菲，企业家如李连杰、陈光标等。公益项目中，人们互不相识，却为了一个共同的目标奉献力量，有钱的出钱，有力的出力，在这个过程中，人们告别孤独的原子化状态，社会关系得到重新聚合。

公民社会当然不止于公益。我在广东省佛山市南海区参观过某个社区的邻里中心，那其实就是位于一层的一个大开间，里边放着图书，摆着乒乓球桌，墙上挂着字画，四周立着展示各个家庭一起制作的卡通展板。

所谓邻里中心，顾名思义是向小区居民开放的，所有住户都可来这里活动，图书由居民捐赠，字画出自居民手笔，除了个别专职工作人员，其余日常的管理也由居民自愿轮流参加。他们会发起各项活动，有一项是吃百家饭，每家做一道菜，拿到邻里中心，天气好的话就摆在外边，居民一起品尝——这一定让你回想起了小时候在老家生活的景象。所以，那是一个虽然简陋但让人感到温暖的地方。

这是一个自治性的公民组织，类似的组织在广东已经很多，类型多样，五花八门，三五个人也可以组成一个，有的专门在雨天帮助大家过河摆渡。

这些组织看起来微不足道，但它们如春雨，润物细无声，融化着都市人的孤独和冷漠，新的积极的道德面貌也会随之产生。只是它们还需要更多一点。改革开放30多年，改革的领域正在由经济转向社会，这正是下一步改革的目标：进一步放权社会，让公民学会自治。

我们站在强大的旧世界的裂口处，正迎来一个由新技术、新商业、新社会所构成的生机勃勃的崭新体系。这个体系刚刚萌芽，但已经发出耀眼的光芒——我相信增量的力量。

## 重建心灵契约：让信仰代替拜物教

当尼采喊出那句惊人的"上帝已死"的时候，人类的古典信仰已摇摇欲坠。旧的信仰不再具有约束力，那么新的信仰是什么？

尼采试图用"超人"来代替上帝，在他看来"超人"是人类能够而且必须创造的最高价值的人格代表，是英雄道德的载体和人类发展的目标。超人高于人，犹如人高于动物，人只是超人与动物之间的一条过渡的绳索。人或者走过这条绳索成为超人，或者掉下深渊摔死归于毁灭，或者留在此岸退回动物界。成为超人是光荣的，掉下深渊摔死是可敬的，退回动物界是可耻的。

希特勒试图成为这样的超人，他以为自己就是超人，但事实证明，他只是一个魔鬼。

超人的建构失败了。脱离了神性的幻象，人类并没有进化到超人，相反成为彻底的凡夫俗子。伟大的超人只存在于好莱坞电影里——蜘蛛侠、蝙蝠侠、钢铁侠……各种侠拯救了世界。

但是人，似乎总需要点信仰。神不再是信仰的对象后，物代替了他的位置，供人膜拜，这就是拜物教。

2011年4月下旬，一个17岁的高中男孩小王走上了手术台，在"黑中介"的带领下卖掉了自己的一个肾脏，直接导致了三级伤残。而他卖肾的原因，竟然是一个小小的智能手机iPhone。

iPhone拜物教只是拜物教的一种，其他的还有香奈儿拜物教、LV拜物教、爱马仕拜物教、玛莎拉蒂拜物教以及百达翡丽拜物教，等等。

全世界的人都拜物，但中国人的拜物在全球都是奇观。

一组数据显示，2009年，中国人对英国奢侈品的消费，几乎占了英国整个奢侈品市场的1/3，英国人则只占15%左右；中国游客购物总额，占法国退税购物贸易额的60%；中国奢侈品消费增长率，连续3年全球第一。

你一定在想，谁说我们都是拜物教的信徒，没看到各种寺庙、道观开一个火一个，香火旺盛吗？这说明我们并没有失落心灵关怀，我们的信仰还在！

这个说法没错。2009年的春节大年初一，我曾陪家里的老人去雍和宫上香拜佛。这是北京市内最大的藏传佛教寺院，改为寺庙前是雍正皇帝当太子时的府邸。雍和宫的香火之盛让我咋舌，香客们围绕宫殿排队入场，绕寺三匝，人挨人，摩肩接踵，绵延数公里。

雍和宫的香火是全国的一个缩影。华东师范大学"当代中国人宗教信仰"调查组的调查发现，上海城隍庙每年正月烧香人数的增长十分明显。2000年后，初一进香的人数逐年增长，且其速率也有提升之势。2011年为9127人，2002年12767人，2003年17808人，2004年18206人，2005年18905人，2006年则达26811人。

香客和信徒越来越多，但是他们信的是什么？调查组发现一个有趣的现象，除了希望信教能够带来心灵安宁、与人为善、消除灾祸等之外，不少信徒希望通过信教来求财。

在许多卖神像为主的工艺品商店里，最好卖的通常是三种神像：观世音、关圣帝君、财神爷。财神在传统宗教中神仙谱系的座次和地位，一直不算高。清代民间最盛的三位神圣是关帝、吕洞宾和观世音。如今财神爷俨然可以与救苦救难的观世音平起平坐了。

财神爷在神仙崇拜里的上位，反映的正是当下社会的一个影像。"求神仙保佑发大财"，善男信女心中的一句默念折射出，宗教在一定程度上已与金钱拜物教相连通呼应。

香客不一定是真的信徒，他很可能只是金钱拜物教徒。这与奢侈品的崇拜并无二致。套用一个流行句式："姐买的不是LV，买的是信仰。"

重建社会道德，必须用新的信仰代替拜物教。这种信仰不必抽象，也无须伟大，它应当只是一些常识，是全体国人的心灵公约数：

——君子爱财取之有道，这是我们对金钱的信仰。"天下熙熙皆为利来，天下攘攘皆为利往"，在当今商品社会，人人都是经济人，都有追逐利益的权利。但是，逐利需要底线，底线便是不能为一己之私伤害别人的利益，甚至夺人性命。那样便是缺德。

——君子不漠视苦难，这是我们对良心的信仰。与趋利相同，避害也是人的本能，但是避害不能以漠视他人利益甚至生命受到损害为前提。小悦悦那样的全民伤痛，应当永远不要再发生。

——君子视他人为平等，这是我们对人际的信仰。道德来源于平和，平和来自于平等，相反，不满与戾气来自于不平等。中国人有一个最大的心理便是"不患寡而患不均"，一旦产生不平等，导致的后果便是"王侯将相宁有种乎"，敢把皇帝拉下马。消除贫富分化，打破官本位，使每个个体感到平等，而不用卑躬屈膝，也不用颐指气使，这是重建道德的前提。

——君子善待弱者，这是我们对底线正义的信仰。当下的中国社会是个竞争非常激烈的社会，这种竞争让人联想到达尔文的进化论，物竞天择，适者生存，这个理论运用到社会学中便是社会达尔文主义，穷者活该贫穷，弱者也不必扶持。这种冷酷的进化论，使得社会底层陷于绝望，绝望之后可能化为复仇式的反击。还是应当构筑覆盖所有人的社会保障体系，兜住底线正义，增加社会的柔软与温情。

——君子守底线，不逾矩，这是我们对法治的信仰。道德还需要法治的保障，没有法治的保障，社会将狠化，不论政府还是个体，都会为了达到自己的目的而不择手段。政府可以强拆，钉子户就可以以死相抗。法官可以乱判案，苦主就可以盯梢法官，抓住法官集体买春的罪证，进行复仇。道德在这其中毫无立锥之地。所以，恢复法治的刚性，才能维护社会正义。只有在正义的土壤上，才能产生道德。

——君子知耻而后有德，这是我们对尊严的信仰。中国古代文化中极为重视"知耻"，所谓："国之四维，礼义廉耻。四维不张，国乃灭亡。"这不是危言耸听。一旦一个国家人人不知羞耻，做人无原则，经商无底线，就会沦为一个互相毒害的社会，你喂我吃毒奶粉，我喂你吃毒胶囊，你让我吃地沟油，我让你吃臭皮鞋……一个互相投毒的社会，不灭亡才怪。

——君子不躁，三省吾身，这是对内在的信仰。当前社会的节奏太快了，快得让许多人失去内心的平静，失去心灵的求索，甚至失去信仰的坚守。电影《让子弹飞》里汤师爷说："步子迈太快，容易扯着蛋。"话糙理不糙。我们需要放慢脚步，等一等落在后面的灵魂。

放慢脚步不仅仅是对个体而言的，也是针对整个国家的发展模式。抛弃唯GDP论，转变以牺牲公民权利为代价的粗放发展模式，让科学发展不成为一句空话。

慢下脚步之后，我们有太多的课需要补：夯实法治，重塑社会纽带，遏制特权，构建公平……这些漏洞都补齐之后，道德才能回升，中国梦才是一个健康的梦。

# 第七章

# 法治建设，到底有多难

## 告别寻租

有这样一个真实的故事。一个优秀的小学生，参加了一项不是由学校组织的作文比赛并得了奖。孩子的妈妈很高兴，带着孩子去老师家报告喜讯。老师很冷静地听完后问："奖金有多少啊？"家长如实回答："1000块。"满以为会得到老师的褒奖，不料老师沉着脸说："得了奖金一定要报告学校，因为是学校的培养才让孩子获了奖。"回到家后，这位家长丈二金刚摸不着头脑，不知道老师为什么是这样一种态度。她惴惴不安了好几天后，另外一位家长一语点破梦中人："你是不是没给老师送礼啊？"症结原来在这里。她赶紧用孩子的1000块奖金购买了各种礼物，送到老师家中。此后，老师的态度亲和了许多。

老师的责任，传道授业解惑也，为人师表也。但不可否认，现在的部分老师已经将师道尊严换算成了礼品与人民币。我的一位朋友说：

"每逢春节，其他地方哪怕是领导家都可以不去，但是老师家雷打不动，必须去。"给老师拜年，表面看是执弟子礼，是美德。问题是，现如今的拜年，已经演变为一种物质关系，送钱送礼才是拜年，光有一颗赤子之心，两手空空，可不行。

医生的天职，自古以来为救死扶伤。是的，今天依然如此。不过如今的救死扶伤其实是一门生意。不光明面上的医药费高得让贫穷家庭的人不敢走进医院，有钱走进医院的还要承受别的代价。红包，没错，如果遇到手术，红包是必须要送的。不送会怎么样呢？在病床上等着吧。这也是我的一个朋友的亲身遭遇。他带孩子来北京做心脏手术，托了四五道关系才把钱送到一位著名的主刀医生手上，手术得以顺利安排。但是比他早许多天到医院的其他患者却一直焦急等待，原因是没有送红包。

记者以揭示真相为天职，但是现在，许多的记者和媒体已经沦为敲诈勒索的代名词。其方式主要有两种：一是假借曝光之名威胁、敲诈报道对象；一是为报道对象胡编乱造，大肆吹捧，以换取经济回报。除了赤裸裸的权钱交易外，还有变相的拉赞助、拉广告、收礼品、到企业兼职，等等。不投广告？好办，你别有什么把柄落到我手上——这是一些不良媒体的惯用手法。山西煤炭价格比较火的时候，据说山西街头钉鞋的鞋匠都有假记者证，一等煤矿发生矿难，他们就一哄而上，排队领封口费。煤矿希望息事宁人，也大多乖乖就范。

中国似乎陷入一个全民寻租的泥潭里。当然，教师的一颦一笑掌控着学生的情绪，医生的一举一动掌握生杀予夺，记者的一支笔掌握着事实真相——这些群体属于有一定特权的群体，他们当然有条件寻租，但用他们代表全民是否有所偏颇？

中国人对于权力的迷恋是深入骨髓里的。没有权力的群体暂时没有寻租的机会，但不代表他们一旦获得权力不会参与寻租。这不是逻辑推理，而是有现实依据的。北京的各类收费停车场由公司雇用一些农民工负责收费，一旦成了管理员，他们就从此前手无寸权的最底层打工仔，变成了权力的拥有者。这点权力看似微不足道，但并不影响他们寻租。如果按明面来，停车费按时间收取，交多少钱给多少发票。但是管理员手中拥有一定的灵活度，如果不要发票，他可以少收钱，钱不再进入公司，而是进入他个人的腰包——当然，前提是，他必须缴足公司的钱。

权力、权力，多少人趋之若鹜。一旦拥有权力，便具有了资源配置甚至生杀予夺的快感，它意味着地位、荣誉和敬畏。人类无法消灭权力，却要慎用权力，因为它很容易沦为寻租工具。这方面，当然以掌握最多资源的政府机构和官员为核心。官员的腐败往往是因为权力寻租，这方面的案例举不胜举，无须再举。需要问的是，为什么会这样？

权力滥用、不受规范是权力寻租的前提。

"权力寻租"是手执权力者避开各种监控、法规、审核，从而寻求并获取自身经济利益的一种非生产性活动。

政府官员行使政府给予的权力，包括对各种资源的调控，"权"莫大焉。如果对他们缺乏有效的监督和管理，而他们本身道德意识和法制观念又淡薄，那么，他们就会丧失理性，以权谋私。寻租现象由此而生。

随着经济体制改革和转轨日益深化，权力寻租现象并未消减，而且变得更加隐蔽，以致要对这种现象进行治理都遇到了一定的困难。

由于权力寻租可能性无限大，所以，任何一点点微不足道的权力，都可以兑换成官员个人无限大的以权谋私机会。这还并不是最可怕的，最可怕的是公权力机关和公共资源垄断部门的腐败。

公权力腐败有三个层次。第一层是窃取了权力的官员个人的腐败。第二层是个别公权力机关的腐败。第三是受到政策和制度庇护的腐败。组织化的腐败的危害，远远大于官员个人的腐败。

比如曾经闹得沸沸扬扬的"单身证明费"事件，这是典型的权力机关寻租。尤为讽刺的是，这竟是经过物价部门审核的收费，经过了审批，成为一种政策，已经进入腐败的第三重境界。

建设中国梦，不应当使公权力机关和公共资源的垄断部门的权力寻租成为一种普遍现象。中国人的一种心理特点是信官，官风不清，民风不静，全民寻租的风气与此直接相关。这戕害着中国梦。

## "拼爹"拼不出中国梦

习近平总书记在访问美国时说，中国梦和美国梦是相通的。相通的方面或许很多，但是核心的一条应当是公平，既包括权利平等，也包括机会平等。美国梦的最大特点便是如此，屌丝也有翻身的机会，黑人也可以成为总统，阶层流动的通道保持畅通。

2006年，世界银行在全球同时公布的《2006年世界发展报告》中提到，公平性应成为所有发展中国家成功减贫战略不可或缺的组成部分。世界银行将公平性定义为人人机会均等。报告说，公平性不仅本身是目的，而且公平性往往刺激更多和更具成效的投资，从而导致更快的经济增长。

遗憾的是，中国的"机会不公"的情况竟有了越演越烈的趋势。

在香港中文大学教育行政与政策学讲座教授、香港教育研究所所长卢乃桂和教育学专业哲学博士许庆豫联合撰写的《我国90年代教育机会不平等现象分析》中写到："在我国，机关干部和企事业负责人在全国各行业从业人口中所占比例只有2.02%，但是，他们的子女在本科高等学校学生总数中的比例高达15%。相对地，农民及其相关职业的从业人口在整个从业人口中的比例高达69.3%，但他们的子女在本科高校学生中的比例只有29.4%。这一现象说明，出身于不同职业阶层家庭的高等学校学生分布明显地不平衡。家庭职业地位较低的学生，在高等教育机会的分配中，总体上处于相对不利的地位。农民和工人家庭出身的学生，在本科高等学校学生总数中所占比例尚须积极提高。"

而据2004年7月30日《中国青年报》报道，中国社会科学院研究报告《当代中国社会流动》指出，父亲的干部身份是影响子女获得干部地位的最主要因素。父亲具有权力资本的那些人比一般人更易于成为干部。干部子女成为干部的机会，是非干部子女的2.1倍。

人生而平等，却为何在今天依旧有那么多的不公在社会中涌现？那是因为，特权阶层越来越多地把持了向上的通道，形成了"隐性世袭"现象。

社会上流传的两首民谣生动地展现了"隐性世袭"现象。一首是:"书记喊精简,儿女往内安;局长喊精简,外甥上了编;主任喊精简,妻妹往内转;秘书喊精简,哥们往里钻。饭锅大又大,加碗再加碗;一年复一年,超员又翻番;脂肪未曾减,更把肥膘添;精简又动员,大伙笑破天!"另一首是:"父子室,夫妇科,外甥打水舅舅喝。孙子开车爷爷坐,亲家办公桌对桌。有利一条裙带裹,有油流满一口锅。"

很多人看着这两首民谣笑了出来,笑过之后却不免沉重。多少农民父母,砸锅卖铁只为了孩子能上一个普通的学校,将来摆脱面朝黄土背朝天的宿命。多少寒窗十年的学子,只为了一个普通的生活在辛勤努力着,而与此同时,那些学习学不好、做人做不好的"二世祖"们,却在想当然地享受着无须付出劳动的高薪和居高临下的快感。"教育不再能够改变命运",贫寒子弟们哀叹。

写到这里,忽然想起一则被不断转发的帖子:《南方日报》刊登了一条新闻,说有个女孩子以她的成绩考入北大、清华没问题,她从小参加各种社会活动,深受曾留学法国的母亲"生命的意义在于体验最多而不是最好"影响,决定放弃高考,申请包括哥大在内的大学,并获得成功。这个女孩获得一片褒扬之声。

掌声的角落里一个冷静的声音在抗议。一条匿名的留言说:"我没有皇城根下的家,也没有留过洋的爸妈。我只能咬着牙拼命学习,在千军万马中挤破头,换来一个国内普通的大学,我还要拼命努力,才能换来一个普通的人生。但这条新闻把千万个我们这种普通家庭从没放弃努力的孩子,当成了傻瓜。"

这则新闻说明，我们这个社会已经出现了社会阶层板结的现象。大多数普通家庭的小孩无法得到"富二代""官二代"那样的机会，因此，仇富者有之，自暴自弃者也有之。更可怕的是，这样的"生而不平等"引发了人才的流失。越来越多的人开始相信："学好数理化，不如有个好爸爸。"于是，对"好爸爸"的渴望超越了努力奋斗的精神。

当实现梦想的机会开始成为一种"命中注定"，那些有知识、有能力的普通家庭子弟便更容易走向极端。

有这样一个故事：大学生崔殿军毕业后被招聘到黑龙江省某市环保局工作。按规定，试用期合格即可转为正式职工。出身贫困家庭的崔殿军，为了给大家留下好印象以便转正，工作上积极努力，同事们有求必应。他还无偿为局长的女儿辅导功课。然而，他的努力最终还是付之东流。单位上仅有的两个转正指标给了两个领导的亲戚。崔殿军将全部怨气发泄在局长身上，淋汽油火烧局长后服毒自杀，造成两人殒命。

何其哀也！好好的有志青年，或许他生前曾才华横溢，或许他将成为国之栋梁，但正是因为生而不平等，让一个好好的上进青年不仅失去了实现梦想的机会，甚至还成了杀人凶手！

美国政治哲学家罗尔斯认为，公平的正义应符合两个原则：一是自由优先原则，即自由是最大的正义，"自由只能为了自由的缘故而被限制"；二是机会平等原则，并在保证机会平等的前提下考虑差别。

而如今我们的孩子们，有多少正在苦苦挣扎于"没有好爸爸"的痛苦当中！

起点的不平等，就像登山比赛一样，有的从山脚出发，有的则直接从山腰往上爬。那些权势人家的子弟，在成长过程中能够上好的学校，毕业后能够找一个好工作，甚至直接进入权力系统，为今后的发展早早打好基础。而那些普通家庭的子弟，没有这些优越条件，一般不得不从最苦最累的活干起。

在人生发展过程中，权贵子弟往往在父辈的安排下，在实权部门的关键职位上不停腾挪换位，为以后占据要位打下经验和人脉基础。而绝大多数普通家庭的子弟付出多倍努力才能得到社会的一份承认，有的甚至为了生存，不得不低声下气，委曲求全，更莫侈谈进入权力核心了。

我们期望，在逐渐健全的市场经济体制下，能够有更多的"二世祖"被社会从温床上踢下来，正如我们期望，有更多普通家庭的奋进青年可以逐渐有机会成为真正的"国之栋梁"，在平等的起点上，获得通往中国梦的权利。

## 权贵资本主义是对中国梦的戕害

原铁道部部长刘志军落马了，被一个识字不超过100个、卖鸡蛋出身的女商人丁书苗拉下了马。

1997年，丁书苗结识了时任铁道部副部长的刘志军，刘志军先后安排铁道部运输局原副局长兼营运部主任苏顺虎、呼和浩特铁路局原局长林奋强帮助丁书苗。2004年至2010年，丁书苗和她的儿子，通过倒卖车皮从事煤炭经营，获利约4.4亿元。

当刘志军"大跨度"发展高铁时，丁书苗的生意也进入了高铁领域。刘志军利用职权干预招投标，具体方式是由丁书苗指定相关国有企业，刘志军帮助这些企业中标，丁按照工程标的额1.5%~3.8%的比例收取好处费。

刘志军先后干预了50多单铁路工程项目招投标，丁书苗指定的20多家国有企业中标，工程标的额超过1700亿元，丁书苗共得"好处费"24亿余元。

此外，丁书苗还成立多家高铁企业，通过刘志军牟取暴利。

2006年时，丁书苗与山西某国有企业合作成立了一个公司，投资高铁轮对项目，丁书苗负责获取铁道部批文。后经刘志军安排，铁道部运输局原局长张曙光等人签发了相关批文，丁书苗因此得到了合作公司60%的股份，价值近1亿元。

在高铁衍生项目上，丁书苗也得到了刘志军的帮助。2008年，丁书苗成立高铁传媒广告公司，独家获得高铁车站LED屏等广告业务。

2010年，刘志军借第七届世界高铁大会的机会，要求赞助企业将1.25亿元的赞助费打入了丁书苗公司的账户。

刘志军当然也不是慈善家，在整个过程中他受贿了6000多万元。

在这个故事里，刘志军是权贵，丁书苗代表资本，两者相加，演绎了最新的一出权贵资本主义大戏。

"权贵资本主义"又叫裙带资本主义、关系资本主义、朋党资本主义、密友资本主义，指的是"因血亲、姻亲和密友关系而获得政治、经济上的利益，以及政治领导人对效忠者、追随者给予特别的庇护、提拔和奖赏"。

类似的大戏我们曾见识过多次。福建厦门远华案、广东湛江走私案、辽宁沈阳慕马案、国美黄光裕案、重庆的文强案等，无非如此。其中，权贵的角色一般是变了质的官员充当。虽然这样的官员属于少数，但影响却极其恶劣。苏共亡党的一大原因就是权贵资本主义作祟，中国梦的实现必须防止其向普遍化方向蔓延。

当代中国的权贵资本主义大致有几种形式：改革开放初期，为了缓解巨大的商品供需矛盾，中国曾试行把同一商品分成计划内和计划外两种，在计划内以较低的价格出售，在计划外则按市场价格出售，形成"价格双轨制"。一批聪明的官员看到其中的奥秘，就将计划内商品卖给黑市，从中赚取差价，"官倒""倒爷"成为第一批权贵资本。

上世纪90年代以后，价格双轨制废除，部分权贵寻找新的生财之道，比如依靠特权弄来批条，从银行获取巨额免息免担保贷款，通过炒买炒卖国土和上市股敛财。

再后来，则是利用国有企业改制的漏洞，套取国有资产。1997年，河南省镇平县被河南省定为国企改革特试县，对全县34家国有企业进行了改制。但经过6年多的改制，目前，有90%的企业破产或无法运转，80%的工人下岗，70%的下岗工人拿不到最低生活保障金。令人心寒的是，河南省镇平县部分政府职能部门，利用国企改制之机大放高利贷，进而瓜分企业地皮，建起了500多栋洋房别墅，住的人全是县里的领导以及他们的亲戚朋友。

国有企业改制中,权贵套利的另外一种形式是逃废国有银行债务,再通过各种手段成为上市公司,掠夺股民利益。

90年代中期以后,权贵还通过包揽大型工程,以出卖国家和工人权益擅自提高优惠条件吸引外资,自己则在过程中以抽成、在进口大型设备中收取回扣等手段,非法牟利。

同时,在房地产业、矿山资源产业、金融证券业以及能源产业等领域,政商勾结寻租也成为普遍的现象。

权贵资本主义的产生与我国的改革方式有关。一般来说,我们认为过去30多年的改革是市场化改革,实际上这并不准确。严格地说,过往的改革路径是渐进式双轨制改革,一方面放权于市场,让市场逐渐发挥配置资源的作用;另一方面,政府配置资源的权力仍然很大。尤其近年来,为应对金融危机而采取的政府刺激政策,让天平更倾斜于政府配置资源的一方。这导致了改革的不彻底,其弊病一是扰乱了正常的经济秩序,破坏了社会的公平正义;另一方面导致权贵阶层崛起,权力寻租,权力搅在市场交换中间,造成腐败。

这其中的逻辑很容易理解。政府是由官员具体来运作,政府管得越多,意味着官员手上的权力越大,而法治却没有相应跟上,这就必然导致官员寻租空间的扩大。

在计划经济年代,官员的权力难以转化为物质财富,因为那时候的物质财富比较匮乏。经过市场化改革,中国的物质财富极大释放出来,但是权力的上层建筑却没有相应改变,于是,官员发现,他手中的权力只要稍经转化，就可以兑现为金钱和财富，以及美女。

尤其是近年来，借助于土地以及金融杠杆，一些权贵更是实现了财富的巨大增长。

全国工商联在全国政协会议上的一份大会发言《我国房价为何居高不下》称，一项针对2008年全国9城市"房地产企业的开发费用"调查显示，在总费用支出中，流向政府的部分（即土地成本＋总税收）所占比例为49.42%。

无独有偶，房地产领域正是近年来腐败高发的领域。2001年至2004年间，主管城建工作的苏州市原副市长姜人杰利用职务便利，先后收受多家房地产公司贿赂，折合人民币1亿余元，其中最高单笔受贿达8000余万元，创造了贪官受贿总金额、单笔受贿金额的两个"新高"。

哪个领域政府权力大、利润高，哪个领域就成为腐败高发之地，这几乎已经成为定律——土地局长、交通局长、公安局长……这正是现实发生的腐败轨迹。

权力与资本的结合构成了中国的特殊利益集团。美国经济学家奥尔森在《国家兴衰探源》一书中描述了"特殊性利益集团"的本质：他们孜孜以求的不是竞争而是瓜分，不关心增加社会生产率，只希望坐收渔利，本质上是一种寄生性质的"分利集团"。

在《人民日报》原副总编辑周瑞金看来，他们阻碍了资源的流动与合理配置，阻碍了技术进步，却提高了利用法律、政治与官僚主义从事讨价还价等活动的报酬，可以说是提高了社会交易成本而降低了社会经济效益。

"特殊利益集团"在当下中国社会的高调扩张，不仅破坏了市场公平和社会公正，而且严重打击了中国社会的创新冲动，扭曲了年轻人的价值取向，毒化了社会风气。周瑞金说："有人形象地称他们不是要从社会经济成长中'分蛋糕'，而是在从事有破坏性后果的'抢瓷器'。"

一个令人吃惊的现实是：中国的财富集中度超过了西方发达国家。

"在中国，财富的聚集程度很高，"波士顿咨询公司（北京）副总裁邓俊豪说，"不到0.5%的家庭拥有全国个人财富的60%以上。即使在这些富有的群体内部，也有大约70%的财富掌握在资产超过50万美元的家庭手中。"

不可否认，中国这些年的成绩举世瞩目，但是增长的不平衡却也是明确的事实：1995年至2007年，12年间，政府财政税收累计增长5.7倍，而城市居民的人均可支配收入累计增长1.6倍，农民的人均纯收入才累计增长1.2倍。由此可见一斑。这表明很大一部分普通劳动者，没有同步分享到经济高速发展的成果。

为此，限制权贵，必须一方面加强法治，一方面界定政府权力的边界。在与市场的关系上，政府不能取代市场，不能利用公权揽买卖。我们需要的是一个有限的和有效的政府。

新一届中央政府显然已经意识到此问题的严重性。2013年5月13日，国务院召开全国电视电话会议，动员部署国务院机构职能转变工作。李克强总理明确指出，市场主体是社会财富的创造者，是经济发展内生动力的源泉。要发挥市场配置资源的基础性作用，进一步打开转变政府职能这扇大门，激发市场主体发展活力和创造力，这是不花钱能办事、少花钱多办事的"良方"。要最大限度减少对生产经营活动、一般投资项目和资质资格等的许可、审批，切实防止审批事项边减边增、明减暗增。

简政放权，不仅是经济增长的良方，如再配之以法治，建立法治的市场经济，更是遏制权贵资本主义的釜底抽薪之策。

## 权力崇拜可以休矣

罗素认为人的欲望可分为四大类别，即贪婪、竞争、虚荣、权力。所谓人类历史，实际上也是一部权力更替史。有人把权力比喻为春药，实在是恰当不过的，权力可使鬼推磨。

其实，权力本身是个中性词，它既是一种必要的存在，可化解冲突，厘定秩序，同时它也可能沦为吃人的魔兽，吞没人间正义。关键在于如何使用。

追求权力是人的本能，但不能痴迷权力，以为有了权力便可以为所欲为，无法无天。当前社会上正有这样一种不良的倾向。

2010年10月18日，猫扑网站上，网友的一篇帖子引爆了网络，截至当天傍晚，点击量已达143万。这篇帖子描述了一起校园车祸。

两天前的10月16晚21时40分许，在河北大学新区超市前，一牌照为"冀FWE420"的黑色轿车，将两名女生撞出数米远。在这样严重的事故下，肇事司机不但没有停车，反而继续去校内宿舍楼接女友。返回途中被学生和保安拦下，该肇事者不但没有关心伤者，而且态度冷漠嚣张，甚至高喊："有本事你们告去，我爸是李刚！"被撞一陈姓女生于17日傍晚经抢救无效死亡，另一女生重伤经紧急治疗后，方脱离生命危险。

肇事者嚣张的态度引起了网友的极大愤慨与关注。但无论舆论如何愤慨，逝者已逝，造成的损失也无法弥补。

更重要的是，这一句"我爸是李刚"，让我们看到了"权力"在"权利"面前的恃强凌弱，嚣张跋扈。就像雅虎新闻记者评论的那样："李启铭的自报爹名，提醒了有些人，有些阶层有伤害我们而免责的本事，这句话像锥子一样扎痛了无权无势的普通人的心。"

"我爸是李刚"，一句话喊出了权力的傲慢。这不是李启铭一个人的傲慢。最具讽刺意味的案例是，浙江丽水一女子，在宝马车上吸毒后开车兜风时毒性发作，被民警抓获，而面对警察的询问，女子则称"我爸是村长"。权毒已病入膏肓。

官二代肇事后的冷漠与狂妄，映射出官一代对官二代教育的显性不良。在他们身上，我们看不到人性的善念和温情，肇事后若无其事地接女友喝咖啡，更彰显出官二代在权力护航下的有恃无恐。

中国人对于权力的崇拜其来有自。权力崇拜几乎贯穿了全部的中国历史。在蒙昧时期，权力的合法性在于君权神授。到了封建时期，"天、地、君、亲、师"，是儒家的道统。而"朝为田舍郎，暮登天子堂"，则是世代儒家弟子的最高理想。

对于权力的态度，儒家除了用几句绵柔无力的道德说教予以谴责外,并未认真设想过以制度为藩篱对其进行具有强制性的有效约束。

在儒家看来,人们要想达到和谐社会,进入大同世界,首先要做的,不是约束权力,而是要安于"本分",服从于权力的安排,所谓"君君、臣臣、父父、子子",秩序伦常,不可逾越。

这样的道德说教,哄哄普通的百姓尚可,对于那些手握权柄者来说,却无异于与虎谋皮。所以我们看到中国历史上充满了宫廷斗争,充满了血淋淋的权力厮杀。有人说中国的统治模式是"外儒内法",其实也不妨称之为"外儒内权"。

到了近代,神秘主义和君权神授让位于科学理性,权力的合法性来源于民众契约。人们认识到了权力洪水猛兽的一面,所以试图用制度去约束。不受制约的权力对人类造成的危害,可以说是数不胜数、罄竹难书。有阿克顿勋爵的名言为证:权力导致腐败,绝对权力导致绝对腐败。

关于权力,古往今来有不少比喻。这些比喻使我们更清醒地看明白权力的本质。张剑荆先生的大作《中国如何影响世界》一书封面就印着一句话:"强权如瓷器,当国者需谨慎从事。"在张先生的理解中,国家往往并不像其表现出来的那样强大,也不像其表现出来的那样富于理性,所以说"强权如瓷器"。既然是瓷器,不管看上去如何美丽动人,它都是易碎品,自然需要小心爱护。联想到国家,强大如苏联,坍塌也不过一夜之间。殷鉴不远。

另一种比喻说权力是麻醉品。美国著名政治家威廉·富布赖特说:"强权是一种麻醉品,一种麻醉性极强的东西。"麻醉品让人醉生梦死,如果外部缺乏监督，内心又不够坚定，掌权者确实将如同吸食鸦片一样飘飘然，欲死欲仙，从而掉进黑暗的深渊。贪官们是掉进了这个坑里。邱其海，原为深圳市社保局局长，因受贿被判处有期徒刑十二年。他悔悟说："别人向我行贿是出小利，得大利，我是以权谋私，中饱私囊。所以在这里，我要给有职有权的人提个醒：吃人家的嘴软，拿人家的手短。如果不警惕，不知不觉权钱交易就发生了。"

关于权力的另一个经典比喻是春药。"权力是一种春药"，这比麻醉品又更进一层，春药的妙用是让你享一时之快，但是用多了恐怕会万劫不复。近年来，几乎所有贪官落马后，都有生活作风腐化、包养情妇的情节，这正是权力与春药混合所致的恶果。

不受限制的权力如同是一种流毒，它会深刻侵蚀社会的健康肌体。它是近年来社会上弥漫的"仇官"心态的来源。公众赋予官员权力，本来是希望他们为百姓谋福祉，如今却发现被对方拿着权杖敲打，不仇视又当如何？而一旦民众与官员之间产生对立情绪，基本的信任失去，社会治理成本将极大增加；政府的政策将不再被相信，一旦出现风吹草动，也极易引发震荡。

所以，权力看起来很美妙，一不小心却会害人害己。权力崇拜可以休矣。但是人类的所有历史证明，权力不会自动归顺，它需要外部力量的制约。

所以，正确的思考方式应为"应该如何统治"，以及要有一个"出现坏的统治者怎么办"的预设。只有这样，人们才会从制度上下功夫，让权力驯服于制度，驯服于民意，从而实现"把统治者关进笼子"的梦想。

习近平总书记说，要"把权力关进笼子里"，人类文明的最大进步不是科技的或是别的什么，而正是这句话所体现出来的精神。

## 让权力下降，让法律上升

赋予治理国家的人以巨大的权力是必要的，但也是危险的。把权力关进笼子已成共识，可是这笼子是什么呢？一个竹子编织成的笼子肯定不成，权力会用利牙将它扯烂撕碎，然后危害人间。

人类的文明史曾设计过许多这样的竹笼子。柏拉图指望过哲学王治国，他认为只有哲学王统治才能实现人间正义。

中国古代推行的是礼治，君君、臣臣、父父、子子，希望通过一套严格的礼俗秩序，以及对执政者的道德期待，达到消弭社会纷争的目的。

然而，事实证明，哲学王是靠不住的，贤明君主是靠不住的，总统也是靠不住的。最终，政治文明的纷争止于法治。

连推崇哲学王治国的柏拉图最后也不得不强调，法治才是靠谱的。他说："如果一个国家的法律处于从属地位，没有权威，我敢说，这个国家一定要覆灭。然而，我们认为一个国家的法律如果在官吏之上，而这些官吏服从法律，这个国家就会获得诸神的保佑和赐福。"

让权力下降，让法治上升。这正是当下中国最急需解决的问题之一。

1997年9月，党的十五大报告明确提出，实行依法治国，建设社会主义法治国家。从此将"依法治国"确立为党领导人民治理国家的基本方略。1999年3月，九届全国人大二次会议将"依法治国"载入宪法，从而使"依法治国"从党的意志转化为国家意志。

2011年3月10日上午，时任全国人大常委会委员长的吴邦国在十一届全国人大四次会议第二次全体会议上宣布，中国特色社会主义法律体系已经形成。

也就是说，中国当前缺乏的不是依法治国的意识，缺的也不是法律本身，缺的是法律有效而公正的执行。

2011年全国两会前夕，人民日报政治文化部和人民网就老百姓最关注的两会热点问题，联合推出大型网络调查。调查涉及18个关键词，包括社会保障、司法公正、个人收入、反腐倡廉、医疗改革、房价调控、物价调控、食品安全、环境污染、教育改革、就业问题、民主法制建设、依法拆迁、个税改革、户籍改革、交通治理、国际地位、网络诚信等。

截至2月12日，在"你最关注的十大问题"调查中，"司法公正"以19223票暂居第二。"社会保障"和"个人收入"分别位居第一和第三。

回顾近年两会调查，2009年司法公正以44477票排在第九，2010年以28635票排在调查的第八，2011年则以16893票跃居第二。网友对于司法公正的期待急剧攀高，这背后是司法不公现象的加剧。

来自庙堂之高的全国两会上的消息，恰好呼应了网络的草根调查。2011年两会代表们对高院、高检工作报告分别进行了表决，其中高院工作报告赞成2242票,反对475票,弃权155票;高检工作报告赞成2306票,反对434票,弃权130票。与往年一样,两高报告的反对率仍然居高不下,与往年一样,继续分列状元和榜眼的位置。

坊间的一些调侃生动地讽刺了司法腐败和不公:"大盖帽两头翘,吃了原告吃被告。"最让人大跌眼镜的是,2010年,最高人民法院原副院长、国家二级大法官黄松有以贪污、受贿510余万元被判处无期徒刑。执法犯法,以其为最。

相比于司法腐败,司法不公更让社会寒心。英国哲学家培根所说:"一次不公正的判决比十次作恶本身对社会的危害还大。因为作恶不过是弄脏了水流,不公正的判决则把水源破坏了。"

人民网的网友认为影响司法公正的根源,67%的投票者认为"司法腐败,权钱交易",19%的投票者认为"领导干部插手司法工作",12%的投票者选择"司法公正缺乏应有的制度保障"。

网友的选择与专家的意见基本符合。总的来说,当前中国的司法因权力和金钱干扰了审判的独立性。有人调侃,判案的表面上是法官,实际上是领导。因为法院的人财物、院长的仕途都掌握在领导手里,所以独立审判的美好设想往往落空。

司法堪称社会公平正义的最后一道防线,司法不公必将导致社会溃败,这是中国梦的死敌。

中共中央总书记习近平在2013年2月23日的政治局集体学习中指出:"要努力让人民群众在每一个司法案件中都感受到公平正义,所有司法机关都要紧紧围绕这个目标来改进工作,重点解决影响司法公正和制约司法能力的深层次问题。"

要做到这个目标，必须打破权力对司法的干扰，让法律成为法律本身，而不是政治的奴仆，实现亚里士多德说的，让"法律获得普遍的服从"。

学者吴明明指出，法治的第一个要素是建立完善的法律制度，由法律规定哪些行为是合法的，哪些行为是不合法的；第二个要素是所有人和组织的行为受到法律的约束，即不符合法律的行为将会受到法律的制裁；第三个要素是社会的监督，即任何人和组织的枉法行为都会在监督下暴露在光天化日之下，所谓"法网恢恢，疏而不漏"。

简单说，法律面前人人平等，权力才能入笼，中国梦才有保障。

# 第八章

# 如何化解人口与环境的新瓶颈

## 提前消失的"人口红利"

最近以来,"人口红利"成了一个时髦的词汇,频繁出现于报端、新媒体,以及老百姓茶余饭后的谈资当中。用人口红利来解释既往中国经济发展的成就和今后所面临的问题,都非常容易实现逻辑的自洽。

所谓"人口红利"指的是一个国家在工业化的过程中,因为劳动力人口供给充分,社会负担轻,劳动力价格便宜,储蓄率高,而带来经济的快速增长。就是说,人口因素是经济获得额外增长源泉。

在过去的30年,人口红利是中国经济高速发展的重要因素之一。

人口红利的形成有着深刻的根源,亦与一个国家人口结构的发展与演变有着密切的关系。一个国家处于从发展到发达的过渡阶段的时候,人口也随之发生变化。发展中国家的人口结构往往呈"高出生、低死亡、高增长"的态势,发达国家的人口结构往往是"低出生、低死亡、低增长"的态势。在此期间，人口结构经历了三个境界：早期青少年人口比例高，社会负担很大；中期青少年长大成人，转变为适龄劳力，社会负担大为降低，从而形成人口红利；末期老龄化来临，社会负担再次加重，人口红利萎缩。

回首西方国家从发展到发达阶段的历史，其人口结构的贡献，正是符合以上归结的轨迹。中国改革开放30多年来实现的经济飞速发展，也脱离不了人口红利的突出贡献。根据中国社科院劳动与人口研究所所长蔡昉的研究，我国人口抚养比例每下降一个百分点，人均GDP增加0.115个百分点，中国人均GDP增长率中有27%的贡献来自于人口红利。

但是，红利毕竟有尽时。

据蔡昉的研究，从2004年开始在珠三角、长三角等地开始间歇性、季节性地出现"民工荒"现象，逐渐演变为全年性的持续性的"民工荒"，并且在最近几年已经开始向内地蔓延。这是人口红利即将消失的最重要的信号。

据蔡昉预测，从2000年到2010年，我国劳动年龄人口只增加了约1%，到2015年，中国的劳动年龄人口将不再增长。大概从2013年开始，中国的人口抚养比就将不再下降。也就是说，2013年或2015年前后，随着我国人口老龄化程度提高、劳动年龄人口比重下降，我国传统意义上的人口红利应该说就消失了。

"用工荒"喊了几年，开始是阶段性的虚张声势，现象已经成为常态，这表明人口红利的消失已经从担心变为现实。以日、韩等国家的经验看，其人口红利消失之时，也是其生产方式转变之时。

需要指出的是，人口红利并不是中国经济发展的最重要因素，具有人口结构优势并不能自动获得经济快速发展的机会。同样是发展中国家，同样是具有人口优势的国家，经济发展差异却很大。这说明，人口结构优势只是推动经济增长的一种因素，而不是全部。

人口红利理论更多地适用于解释经济基础薄弱的发展中国家在经济起飞初期的经济发展模式。在这个阶段，发展中国家主要承接由发达国家转移过来的劳动密集型产业，没有考虑到产业升级、技术进步和人口素质的因素。而中国目前已经明显地跨越了这一阶段。"人口红利"虽然结束，但"人才红利"是新的可挖掘的推动经济增长的因素。

## 从人太多到人太老

媒体对于2013年的高考除了以往那些关注点外，还增加了一个新的看点——2008年以来，4年间参加高考的人数减少140万，而且还将继续减少。几乎与此同时，人力资源和社会保障部表示，将适时提出弹性延迟领取基本养老金年龄的政策建议。两件事看似风马牛不相及，却引起人们的思考。

当前的中国，正面临着人口红利消失、老龄化社会加速到来的现实，这将对未来中国的经济增长和社会发展产生极为深刻的影响。

作为全球第一人口大国，20世纪的前80年，中国的贫穷、中国的粮食短缺，突出了中国人口规模的问题，以至于人们很容易把过大的人口规模当成国家贫穷和落后的根源之一。现在看来，计划生育对中国经济发展和人们生活水平的提高虽然有一定贡献，但这绝不是中国取得目前经济成就的主要原因。经过30多年的改革开放，即使在发展最短腿的农业方面，中国也彻底解决了中国人吃饱饭的问题。曾经一本名为《谁来养活中国》的著作甚嚣尘上，现在看来，也不过是肤浅而哗众取宠的笑谈。

除了粮食问题，人口和资源以及环境污染虽然有着密切关系，但发达国家的发展过程已经证明，后发国家一旦跨过工业化和城市化这道坎，经济发展方式将必然发生转变，高消耗、高污染的生产模式也会被逐渐淘汰。因此，生产方式而不是人口规模，才是解决资源供应和环境污染的根本路径。一味地强调人口的警戒线，把正常的人口增长当作可持续发展的障碍，是一种已经被实践证明错误和过时的看法。

**盛世危言**

中国过去30多年经济发展的奇迹，在国内更多被总结为改革开放的必然结果。这种说法实际上更多地强调了意识形态和机制设计对经济发展的影响。国外主流经济界虽然高度评价中国发展模式的重要价值，但更多地把中国的奇迹看作是全球化时代后发追赶型国家发展方式的一种必然。而人口红利是这种发展路径的基础。

中国是一个在过去的30多年中收获了巨大人口红利的国家。而现在，这种吃了30年的人口红利开始消退，对于中国经济，这将意味着什么？

2010年第六次人口普查的数据显示，中国大陆总人口为13.4亿人，其中0~14岁少年儿童人口2.22亿，占16.6%，15~59岁年龄人口为9.4亿，占总人口的比重为70.14%，60岁及以上老年人口总量增至1.78亿，人口老龄化水平达到13.26%。

其中0~14岁人口比2000年的第五次人口普查下降6.29个百分点，同时，60岁及以上人口比2000年人口普查上升2.93个百分点。

有人口学学者预测，未来少年儿童人口规模会相对稳定，劳动年龄人口数量将会递减，老年人口规模将迅速扩大，中国的人口结构性矛盾会日益突出。

按照联合国的标准，65岁以上老龄人口占总人口比例超过7%，即进入老龄化社会。我国人口老龄化进程是与少年儿童人口占总人口比例的减少相伴而来的。1953年老年人口为0.45亿人，占0~14岁少年儿童人口的1/5；至2010年，老年人口数量增加到1.78亿人，约占少年儿童人口的4/5。

在第六次人口普查数据公布之前，人口学界就对我国生育率下降和老龄化的问题表示过担忧，因为目前我国的生育率水平已低于官方宣称的所谓1.8的警戒线。

1992年，我国人口生育率达到世代更替水平（即生育水平为2.1），就是说，下一代人口与上一代基本持平，总人口数不增加也不减少。此后，生育率水平缓慢下滑，20年来一直维持着低生育率，正在向超低生育率逼近。

新中国历史上曾经出现过3次人口出生高峰期，分别在1950—1957年、1962—1972年和1981—1990年。如今，第一个生育高峰期的这一代人正在全面步入老龄化。随着人口寿命的不断延长，第一个人口出生高峰和第二个人口出生高峰的人，将前后脚地进入老龄化阶段，导致老龄化人口剧增。

如果再把眼光放长一点的话，百年中国，人口结构发生了巨大的变化。大家庭解体，大量的昔日年轻劳动力逐渐成为老龄化人口的前锋。人口红利的渐行渐远，传统社会的进一步瓦解，现代社会的来临，将给未来中国的发展带来巨大的冲击。这种冲击不但是经济层面的，价值观念、人伦道德、文化风俗等诸多层面，都必不可免地受到不可预估的影响。

## 未富先老

2013年9月初，一个"中国是否应该延迟退休年龄"的话题引起广泛讨论。一个政策研讨动议引起了社会广泛的愤怒，这一现象让主管部门和专家学者们始料未及。在政府官员和知识阶层，恨不能改小岁数让自己晚退休几年是普遍心态。而对体力劳动者和体制外缴纳五险一金的白领来说，延长退休年龄意味着将多干活少拿钱。

预测数据显示：到2039年，随着年轻劳动力的逐年减少，我国将出现不足两个纳税人供养一个养老金领取者的局面。而退休年龄每延迟一年，养老统筹基金可增长40亿元、减支160亿元，减缓基金缺口约200亿元。这或许就是"延迟退休"政策的依据。

从发达国家的历史看，人均GDP达到5000～10000美元时，一个国家就会进入老龄化社会。目前，中国已经踏上了这个门槛，老龄化社会正在向中国招手，但中国由于历史的和现实的诸多原因却还没做好准备，尤其在经济基础、养老保障制度和养老服务体系等方面，中国的基础还非常薄弱。

而一旦进入老龄化社会，再想保持经济的高速增长就没那么容易了。

要研究老龄化社会对经济发展会有什么样的影响，最好的案例莫过于日本。

日本签订《广场协议》后，一头跌入"失落的20年"。在这20年间，由于长期的低生育增长率，日本出现了非常严重的"少子现象"，也就是日本生育率过低，甚至负增长，以至于新生代人口数量严重萎缩。考察日本经济衰落的原因，尽管经济泡沫的破灭是一个直接的原因，然而人口红利的消失在其中也扮演着重要角色。日本的悲惨遭遇我中国具有借鉴意义。

以世界普遍经验来看，在城市化和工业化初期，经济增长一定会带来劳动力的大量转移及就业的大幅增加，工业化和城市化同步推进。但中国的经济高增长并没有带来就业的同步增长，城镇化明显落后于工业化。

中国目前大量的基础设施建设，只能导致暂时的"假劳动力转移"，不能带来可持续性的长期就业，工程结束之日就是工人失业之时。同时，外向型加工制造业虽然有很强的劳动力吸纳能力，但由于户籍制度的限制，产业工人很难融入城市生活。集体谈判能力和社会保障的缺失，使劳动力价格被人为压制。众多的劳动者到一定年龄后便告老还乡，呈现逆城镇化的态势。这种城镇化的滞后是其他发达国家在经济起飞阶段都没有出现过的特殊现象。

正是由于劳动力成本的提升，造成劳动力的社会供给失衡，再加上工资长期低迷，福利保障的严重缺位，劳动条件、劳动环境日益恶劣，所有这些因素的叠加，也加速了人口红利的终结。未富先老的担忧，恐怕就要成为现实。要解决未富先老的问题，中国必须进行相关改革，否则中国梦必然是一场空谈。

适当的人口年龄结构，是一个国家获得持续竞争力的基本保证。很难设想一个老人太多的国家能够有多高的创新能力、多大的前进动力。

时至今日，中国如果依然不对人口政策进行全面的调整，从限制生育转变到自然生育的状态，20年后必将出现严重的后果。

所谓梦想，是属于年轻人的，当一个社会老年人越来越多的时候，谈何梦想？

## 雾霾染灰中国梦

北京的空气，已经成为全世界的话题。雾霾天气接连不断，越来越差的空气让中国人从未像现在这样思考经济发展和保护环境的关系问题。

北京的空气质量甚至演变为政治话题。由于采用了更加精密的测量方式,美国大使馆测出的北京空气质量与中国环保部门公布的数据产生了巨大了分歧。饱受空气污染之苦的市民们自然高度关注这种差别的奥妙,这种本来属于科学技术层面的争执,因为其中一方是美国驻中国大使馆,又让这种关注加入了政治色彩。

2012年,《纽约时报》一篇对北京空气的相关报道,又把公众的注意力牵扯到了一个更加耐人寻味的话题——中国的特供现象。

这篇报道中说:"普通的北京市民即使羡慕嫉妒恨到极点,也有一点可以聊以自慰,在污染特别严重的时候,他们呼吸到肺里的空气和那些高干们、权贵们呼吸的并无不同。这种想法看起来并不完全准确。事实是,许多高干的家里和办公室中都装备了一流的空气过滤装置。"

报道的依据,是中国公司远大集团在官方网站宣传其空气净化器的时候,特意强调在许多高级官员们工作和生活的地方都配备了他们的设备。

"空气特供"——这是一个足以引起呼吸着肮脏空气的市民不快联想的说法。可能是由于记者知识结构的欠缺,这篇报道显然忽略了一些有关空气净化的基础知识。记者在文章中提到的"特供空气"的提供者就是远大公司生产的空气净化器。其实这家公司生产的空气净化器已经是一种为公司创造数十亿产值的产品。也就是说,除了政府高级干部的办公室和会议室,其产品也进入了无数普通的写字楼、宾馆和住宅，而不是仅为特定人群定制的特殊商品。

同时整个空气净化行业，也不是远大一家独揽的生意。现在在中国，空气净化已经是一个数百亿产值的市场，包括飞利浦、松下、夏普等著名跨国公司和众多不出名的中国公司都是这一市场的有力竞争者。由于中国大城市严重的空气污染现状，这些公司都把这一产品的市场作为一个潜力巨大的市场，不久的将来，在一些空气污染严重的中国城市，空气净化器会像空调一样进入到普通市民的家庭中，而不再会被故意或者无意描述成一种为极少数人提供"特供"的神奇机器。

记者还需要补充的一点有关知识是，无论是中央空调还是家用空调，本身都是一台空气净化器，空气在从室外通过空调机进入室内时都会经过净化这一工序——使用滤网或者静电的方式。而中国人尤其是在北方，没有常年使用空调的习惯，所以这成为商家促销的一个有力卖点。当然商家也会在促销中刻意强调空气净化器能够比空调更加彻底地清洁空气的能力。

当然，不可否认的是，一起普通的政府采购，在"知识欠缺"的美国记者笔下演化成为中国高级干部特权的新证据，并引起议论纷纷，也自然映射着中国企业和民众长期思维习惯的背景。由于自古以来崇尚权贵的历史传承，"宫廷特供""皇家专用""领导专用"成为顶级品质的代名词。商家们在促销时也刻意迎合这种思维，以此作为自己的产品背书。

而"特供"在各级政府部门以不同方式的存在，也成为商家们能够利用这种资源的土壤。目前中国各级政府已经制定了严格的政府采购目录,让公开透明的政府采购代替以往的"特供",是消除"空气特供"传言的最好办法。在政府采购中,大力支持如远大空气净化机这样的国产品牌也是政府支持本土工业十分见效的手段。当高质量的产品全部以公开透明的方式通过竞争进入到政府机构中的时候,所谓"空气特供"的传言自然不攻自破。

当然,传言里更多表达的是公众对雾霾天气的抱怨,也看得出雾霾天气不仅仅是个空气污染问题,还牵涉政治、经济诸多问题,可谓复杂情况超乎想象,而且如果解决不好,已显示出扩大迹象的雾霾问题,势必会拖累中国梦的实现。

### 科学看待雾霾天气

但任何事都不能走极端,看待空气质量要有科学态度。

北京常见的一幕往往是,早晨人们迎来了一个雾霾严重的深灰色天空,接着春风浩荡,但带来的却不是盼望中晴朗的天空,而是肆虐的沙尘,天空变成了黄色。人们每一口呼吸的,从细微的PM2.5,变成更大颗粒的沙尘,比起让喉咙不适的烟尘,沙粒在牙齿间的摩擦更加让人心烦意乱。

如果在接下来的这个春天,这样的扬尘天气像冬天的雾霾那样频繁光顾,可以想象的结果是,公众的批评和反思角度,会从能源排放转移到生态破坏、草原沙化。北京市的相关领导可以松口气,轮到内蒙古、河北西北部的相关部门为扬尘天气做解释、表决心了。

进入新世纪后，曾经有一段时间，西北、华北地区的扬尘天气接连不断，引起全社会对生态环境保护的广泛关注，包括退耕还林、退耕还草、草原禁牧等一系列措施相继出台。之后的几年，西北、华北的沙尘天气明显减少，直至最近几年，华北地区甚至出现整个春天都没有明显的扬尘天气的情况。单从这几年的情况看，人们很容易把生态治理和沙城暴减少看成完全的因果关系，但如果把眼光放在更长远的历史中来分析，这种因果关系并不是一定存在的。

《中国国家地理》曾经有这样一篇文章说："其实上世纪50年代到70年代，我国北方地区曾经经历过一个沙尘天气的高发时段，在西北、华北很多地方，沙尘弥漫导致对面看不到人影的情况经常出现，只是到了80年代初到90年代后期沙尘明显减少，直到最近两三年沙尘天气才再次呈现上升趋势"。

作为一个北方人，这种说法与我个人的感受相符。而在50至70年代，中国人为因素对植被的破坏程度要远远轻于80和90年代。再往更久远的历史上溯，我国北方从公元前三世纪到1949年之间，史书可查的强沙尘暴共发生有70次，分布在各个年代。

而发表在《自然》杂志上的一项研究证明，目前这种类型的沙尘暴从2200年前就开始了，黄土高原就是沙尘暴的杰作，而太平洋岛国上的土壤几乎都来自于沙尘暴。没有沙尘暴，就没有东亚和太平洋上岛屿现在的地形、地貌。

也就是说，沙尘暴从本质上是一种自然气候现象，人类的活动只是在局部小范围内影响其强度或者频率。内蒙古草原和河北北部的植被恢复有利于减少北京天空的沙尘的浓度和频次，却不可能从根本上消除沙尘暴对我们生活的干扰。期望通过环境保护直接把北京变成昆明，实际上是穿了马甲的"人定胜天"思想。

相对而言，雾霾的产生和人类生产生活相关度更高一些。但那些完全忽略北京乃至华北地区的地形、气候条件，用雾霾否定工业化、城镇化进程的看法也是不科学的。北京今年的雾霾天气一下子增加这么多，而现实情况却是汽车总量增加很少，拥堵并未加剧，城区天然气比例显著提高。所以，雾霾天气突然增加到底有多少气候原因、有多少人为原因，也需要用科学的态度和手段深入研究。

中国能源研究会最新公布的数据显示，2010年我国一次能源消费量为32.5亿吨标准煤，比20年前翻了好几番。在过去的20年里，我国经济年均增长9.7%，而能源消费的增长为4.6%，远低于经济的增长速度。1990年至2009年，中国单位GDP能源强度下降53%，与之相应的二氧化碳强度下降55%，为世界罕见。同期发达国家下降25%，世界平均水平只有14%。

导致雾霾的最主要原因是化石能源燃烧排放，在中国主要是煤和汽油的使用。中国人从贫困的农耕生活方式转变为现代生活方式，能源燃烧的排放不可能减少，中国人不可能全面回到人人骑自行车的时代。只能在转变能源结构和提高能源效率上下功夫，这是一个艰巨的任务，除非在短时间内完全改变能源结构，否则不可能一蹴而就——显然，这是不可能的。

## 中国必须走低碳路

2008年，金融危机席卷全球。中国亦不能置身事外，为应对金融危机进行的4万亿庞大投资计划，虽然缓解了就业问题，但由于货币超发、低效投资和贪污腐败留下的后遗症却长时间不能消解。2012年，以北京雾霾为代表的"气候危机"又连番上演。经济发展的不可持续问题越来越严重。

中国经济在下一步发展的过程中，一方面决不能在重复过去的高能耗、高污染的发展模式，同时必须偿还过去这些年所积累的环境欠账。

气候变暖虽然是近几年全球环境问题的主要议题，但中国的节能减排绝不仅仅是为了履行国际承诺。虽然欧盟甚至提出"碳足迹税"，将对产品碳足迹和排放量进行标识追踪，这种苛刻的动议看上去更像是为了遏制中国产品竞争力的新的贸易壁垒。中国当然不能完全按照发达国家给出的标准和时间表来推进自己的节能减排，但并不需要把这种压力完全当成负担。从总体上看，欧盟的要求看似苛刻无理，但与我们自己的根本目标并不相悖。

对节能减排的推动过程，基本上就是中国经济发展模式的转型升级过程。中国推动自己的节能减排事业，最大的困境就是企业如何能够经受生产方式从"高能耗、高污染、高排放"转变为"低能耗、低污染、低排放"的时候，消化掉由此提高的成本。而技术水平和管理水平的提高就是实现这一目标的前提。

也就是说，即使二氧化碳导致全球变暖的理论并不能被科学所全面证实，不存在要求中国实现大规模减排的国际压力，中国也要主动走上低碳之路。

在未来减排承诺上，中国承诺到2020年单位国内生产总值二氧化碳排放水平比2005年下降40%~45%。在发达国家工业化历史进程中，没有一个国家能够在15年内实现如此高强度的减排。

要实现节能减排目标，中国不但需要政策上的明确和强有力的执行，更需要技术上的升级和突破。作为一个煤炭生产大国，在现阶段以煤为主要能源的局面一下子很难改变，而煤炭清洁化缺乏发达国家可借鉴和引进的技术，我国自主进行的煤炭转化技术的研究需要更长的周期。

总体而言，我国尚处于城镇化和工业化发展的中期阶段，尽管通过优化能源结构和节能，能够相应地减少碳的排放，但是面临着经济发展、人民生活改善与环保节能之间巨大的矛盾，困难和挑战还是相当巨大的。

# 第九章

# 中国梦会被一场战争打断吗

## 中国是维护世界和平的重要力量

冷战结束以来,东亚是世界上最和平的地区。东亚内部没有发生任何一场战争,也没有任何一个东亚国家正式向世界另一个国家宣战,或被入侵,或参与其他战争。很大程度上,这都与中国不参与、不组织、不发动战争有关。无论西方舆论多么渲染"中国威胁论",对中国军费增加、军力提升充满着恐惧、抹黑甚至污蔑的口吻,中国形象都没有与"战争"画过等号。"和平、发展、合作、共赢"始终是中国高高举起的国际旗帜,"维护世界和平、促进共同发展"始终是中国坚定不移走的国际路线。

正因为此,从伊拉克战争、科索沃战争,再到阿富汗战争、利比亚战争,中国始终是"劝和而不是鼓战"的最重要大国力量。包括中国在内的东亚国家,参加国际维和的次数与对外援助的金额是全世界最高的之一。这样的和平环境成就了西太平洋地区在冷战结束以来20年的繁荣与发展，也印证了邓小平改革开放初期"和平与发展是时代特征"的战略判断。

然而，20多年来，当人们喜欢以自由制度主义的逻辑讨论东亚地区秩序，热衷于以世界治理的展望代替对国际混乱的担忧，以"历史已终结"的乐观掩饰"未来很曲折"的不确定性时，中国人更有必要保持冷静，重新审视现实主义的战争逻辑在中国周边重燃，甚至危及中国外部和平环境的可能性。

权力失衡是军事冲突可能性提升的根本原因。后冷战时代，东亚的权力平衡正在被打破，潜在的军事竞争与安全困境，在东亚地区表现得越来越明显。现实主义国际关系理论已经证明，权力失衡时，战争爆发可能性最高。在过去的十年里，中国综合国力从世界第七一跃成为世界第二，加之近年来韩国创新的突飞猛进，日本的"平成萧条"仍在继续，东亚的权力结构正在剧烈变化中。这使得爆发不可测军事冲突的风险加剧。

数百年的大国兴衰史，已显示了一条"战争与大国崛起"的悖论：任何一个大国若要成功崛起，必定会经历一场或多场战争，如英国、美国；而许多大国的崛起在中途戛然而止，也是因为战争的缘故，如日本、德国以及苏联。很显然，中国要崛起，要实现民族复兴的伟大中国梦，仍然需要一个和平的外部环境，如果战争必须要有，那么最好是"不战而屈人之兵"。

但战争会不会打？要不要打？值得不值得打？敢不敢打？不仅需要

有一个现实的判断，也要有历史的分析，更要有未来的考量。

## 战争在东亚爆发的可能性在加大

随着东亚内部矛盾的日益激化，现在看来，虽然不能说战争在东亚一触即发，但战争或小规模的军事冲突在东亚发生的概率正在增长。这里主要讲四点有可能点燃东亚军事冲突或战争的潜在因素。

第一，东亚各国之间国民相互厌恶情绪的增加。有充分证据表明，中韩民众之间、中日民众之间、日韩民众之间以及各国民众与朝鲜民众之间的互相负面印象比例正在提高。在东亚，尤其是中国、日本、韩国、朝鲜之间，任何两国民众之间的印象，都比该国民众对美国的印象差。这种"东亚相互厌恶情绪"是各国民族主义高涨的主要原因，也使各国媒体都倾向于制造对邻国的负面报道，比如，东亚各国媒体对华报道，基本上都是负面的居多；中国媒体对东亚各国的强硬声音也很多。这将使得在未来某一天，东亚各国的冲突可能缺少必要的社会制约。来自社会各界的民族主义情绪越来越在怂恿东亚各国的好战欲望。在一些选举国家，这些"求战"情结会转换为某些政客迎合民意的"叫嚣"，比如2012年初，菲律宾国防部高级顾问曾大喊"（为黄岩岛）不惜与中国战至最后一兵"；2013年8月，日本副首相麻生太郎说"学纳粹推行修宪"。

第二，美国在东亚地区的离岸平衡政策正在不断刺激东亚的紧张。

虽然美国的公开政策一直主张东亚保持稳定与繁荣，但是有数据显示，美国与东亚盟友的军事演习数量正在逐年提升，尤其是针对朝鲜的军事演习数量，长期刺激朝鲜半岛的紧张局面。这使冷战氛围始终没有完全与东亚地区绝缘，也使得战争在东亚爆发的概率逐年递增。保持东亚地区的紧张，促使东亚各个国家与地区对美国的军事采购，不仅是美国军工集团的利益诉求，也是美国保持在西太平洋利益的基本策略。没有证据显示，东亚爆发战争，会有利于美国的根本利益；但保持战争爆发的较高风险，却是美国乐于看到的。

英国《金融时报》2013年5月一篇题为《东亚的战争与和平》的文章中做出了这样的预测："局势就是如此：中国更加强硬，日本奉行历史修正主义，领土争端层出不穷，各国围绕历史问题展开愤怒的争论，美国在竭力抑制中国、遏制朝鲜，并劝阻日本不要挑起不必要的对抗。"这篇文章的虚伪性在于，一面假惺惺地说为东亚和平"手指交叉地祈祷"，一面又主张"美国应该考虑在朝鲜半岛重新部署战术核武器"。

第三，东亚领土争端，尤其是海洋岛屿争端，以及美国的"空海一体战"，都在加剧东亚各国的军备竞赛以及舆论层面的喊打声。东亚各国之间都存在着领土、领海争议。随着海洋资源与主权重要性的上升，争议更加找不到协商解决的方式，这使得战争（至少是小规模的军事冲突），越来越成为各国解决领土争端的优先选项。从黄岩岛争执到钓鱼岛争端，每次争端加剧时，各国的喊战声就会加大。尤其是各国中层军官的"求战"情结很强。因为无论是战败与战胜，战争是中层军官最好的晋升手段。

日本《外交学者》2013年3月刊发了美国布鲁金斯学会客座高级研究员罗瑞·麦迪卡尔夫的文章，说得更为透彻："为塑造中国这个假想敌，美国智库和军方绞尽脑汁，为解放军如何打败美军展开丰富的设想，然后又拼命想办法防备这个'想象中的敌人'。"在这种思维模式下，美军为了遏制所谓的中国"反介入/区域拒止"战略，设计和发展了"空海一体战"理论。文章明确说，亚太地区的"空海一体战"落实得越好，对亚太安全环境的潜在影响就越大，东亚地区的美国盟友们就会越依仗美国的军力，各国诉诸武力的色彩就会更浓。

第四，西方舆论对中国发动战争的预期很高。在他们看来，中国目前国内矛盾日渐积累，如腐败、医患、住房尤其是拆迁、生态保护等，越积越多的矛盾严重影响了党和政府的威信，也在冲击着社会稳定。一些人预测，如果解决不了这些问题，中国将会发动一场战争，以提振民族凝聚力，转移国内民众的视线。

不仅日本首相安倍晋三明确诬陷"中国需要冲突"，美国《华盛顿邮报》2013年2月26日也公开报道："认为中国在不动声色准备对美战争的看法，在华盛顿国内政策圈还是出奇地普遍。笔者从未真正搞懂这是为什么，或许是由于美国外交政策是基于军事霸权。认为一个大国自然而然想获得能打赢任何战争的实力无论多么遥远，这种看法属于美国世界观，但在中国则不然。"

笔者曾与芝加哥大学教授约翰·米尔斯海默交流。米氏是国际关系理论"进攻现实主义"的代表人物，他一直不承认中国能够和平崛起，并认为未来几年东亚国家关系与中美关系都会变得越来越危险。我反问他,过去10多年中国崛起很快,但东亚不是很和平吗?他说,10年时间检验他的理论太短,应该要20年甚至更长。

与其把米尔斯海默的战争预言视为是一种咒语,不如将之视为一种警钟。毕竟,一旦战争爆发,东亚20多年来建立起来的政府互信、地区一体化进程必然将受到严重冲击。如果控制不好,整个东亚崛起都会功亏一篑。因此,东亚各国必须想方设法降低战争发生的概率。比如,搁置目前的主权争议,尤其是目前在争议岛礁上对中国的主权诉求。"搁置争议、共同开发"应当成为各国解决岛屿或海洋争议的标准范式。

再比如,各国之间可以加强媒体与民间对话。目前各国社会之间的对话更多限于精英与传统媒体,未来的对话也应注意到倾向于平民,尤其是新媒体环境下的意见领袖之间的对话。另外,美国的和平责任也很重要。中国及东亚其他国家都不反对美国的"回归亚太",但是"回归亚太"不应当等于是"亚太新乱局"。摆平美国,是创造东亚最终和平的根本办法。

## 中美海战,还是中国的海洋梦

2005年,美国国会调查局曾对美国政府"忠告"道:"中国海军正在全面进行世界上最具野心的扩张。"此后,美国多次把中美之间的海洋终极对决定位在2015年。

2009年12月，美国海军战争学院国际法教授詹姆斯·克拉斯在《世界事务期刊》上刊发长篇文章，假想中国2015年将与美国发生海上激战，最终中国海军大败美方"乔治·华盛顿"号航母。文章明确指出："这次'灾难性失败'宣告美国在太平洋长达75年的优势地位的结束，确定了中国在亚洲的霸主地位。"

2010年6月，新美国安全中心高级研究员罗伯特·卡普兰在美国《外交》杂志中，再次对中美海上对抗态势做出了这样一个判断：中美海上必有一战。2015年，在一场美中政治危机后，美国"乔治·华盛顿"号航母将被中国导弹击沉。在此半年前，他曾在美国《大西洋月刊》上撰文警告称，"美国在印度洋和太平洋与中国展开'微妙冷战'，在21世纪的某段时间内仍是可能的"，因此"双面下注"应该是美国继续执行的政策："一方面，会有(美国)官员和中国谈(两军合作)，同时要以中国为假想敌进行战争推演。"

2010年底，美国参谋长联席会议战略规划与政策负责人的前海洋政策顾问詹姆斯·克拉斯卡又写了一篇题为《2015年美国为何在海战中失败》一文，开篇就讲："经历了几十年的两位数增长，中国人民解放军海军拥有了世界上相当先进的系统……美国的海军力量日渐衰落，美国的海上战略注重较低层次的伙伴关系，国家海洋政策又低估航行自由的战略利益，这就为美国2015年的海上失败埋下了伏笔。"

中国首艘航空母舰"辽宁号"入役以来，西方对中国航母的警惕性进一步加强。美国军方公布卫星照片，怀疑中国还在上海建造航母。英国《新政治家》甚至报道称，中国正在建造5艘航母。

为何中国海军如此受关注？最根本的原因在于根植于海洋文明逻辑下的西方思维在作梗。卡普兰在文章中说："中国历史上曾出过一位伟大的'舰队司令'，他就是15世纪初七下西洋的郑和。"中国海军强盛的历史让一些西方学者心有余悸。

对于中国海军发展的未来，欧美的军事分析师们似乎也定好了路线图。在他们看来，中国崛起恰恰是对外海权矛盾最大的尖锐期。如果把海洋比作一个超市，现在的中国在欧美军事学者看来，更像是一个"购物狂"：中国先会买下"第一岛链"，然后再挺进太平洋，还有印度洋，最后是全世界。

在这个逻辑下，美国以及整个西方世界必须把中国的海军威胁扼杀在摇篮里，并且时刻提醒与激励自身，不断发展军备力量，防止被中国超越。

中国著名国际关系专家王缉思曾说："美国夸大中国的实力，与其说是捧杀中国，不如说是为了维护自身的利益和尊严而励志，意在激励本国加快改革步伐，促进经济转型，而不能让自己沦为二流国家。"从这个角度看，对待欧美舆论对中国海军威胁的假定最好的方法，莫过于走自己的海洋之路，让他们说去吧。

党的十六大报告提出"实施海洋开发"的任务和要求，十七届五中全会又作出了"发展海洋经济"的战略部署，"十八大报告"首次明确提出要"建设海洋强国"，海洋已被纳入到了国家大战略之中。中国在"十二五"及未来的"十三五"期间，对海洋经济的发展以及海洋空间拓展的需求将越来越明显，海洋开发领域的竞争也将越来越激烈，海洋事业发展的重要性也因此提到了前所未有的战略高度。

从历史文化的角度看，中国本质上是一个海陆复合型的国家。在浙江宁波的海洋博物馆里，有公元前6400多年的船桨，古代先民们很早就到海上生活了。可惜的是，中国历朝历代的都城大多定在内陆，各个封建王朝的权力也都靠步兵、骑兵，2000年帝国争斗史压抑了中华民族的海洋基因。

尤其是明清以后的闭关锁国，更使中国文明基因中的海洋性衰竭，现在中国海洋文明性正在重新萌生，处于牙牙学语期，肯定不能重走过去500年西方国家的海洋争霸之路。就像甲午海战最终决定了中华末代帝国清王朝的命运、珍珠港一役确定了日本帝国的最终归宿，对于东亚农耕文明而言，走向海洋和平之路是历史赋予的使命。

从自然禀赋的角度看，中国的海洋家底其实并不太厚实。中国虽然拥有6500多座岛屿、460多万平方公里海洋国土的水体、海床及其资源能源、海洋勘探和水体以上空域部分的管辖权，位列世界第四，但海洋面积和海洋资源却相对贫乏，人均海洋国土和海洋资源更是极端贫乏，而且目前面临着被多方蚕食和瓜分的现实危险，渔业资源、石油资源和海底矿产资源受到严重侵犯。

就拿中国南海水域为例，除中国控制6个礁和中国台湾驻守最大的太平岛外，共有39个岛礁被侵占，其中越南一国就占有27个，还多次联合外国公司在中国海域进行所谓海洋勘探和开发石油。在这些被侵占的背后，是一环扣着一环的国际利益，以及各类战争怂恿的陷阱。面对这样的环境，坚持据理力争与共同开发的姿态，而不是准备一场

"2015年海战"，恐怕是中国海洋战略的重点所在。

从现实政策的角度看，中国走向海洋的方式仍然是经济式的。这不仅体现在中国提出的"搁置争议、共同开发"原则，还在于中国沿海各地采取的现实态度。从省份来看，沿海的浙江、山东、广东、辽宁等多个省份都明确提出发展海洋经济，以环渤海、长江三角洲和珠江三角洲地区为代表的区域海洋经济发展迅速，沿海地区"3+N"的经济区发展布局也已全面形成。

国家政策的扶植以及海洋经济强大的内在吸引力，正强有力地推动海洋经济扬帆远航。除了海洋水产、海洋运输外，中国关注的重点还有海工装备、油气开发服务、海水淡化、海上风电和滨海旅游业等。中央政策的关注，更多的是如何规范海洋开发秩序，还有保护海洋环境、坚持海陆统筹，而根本不是欧美舆论所鼓吹的"2015海战"。

从海军贡献的角度看，维护和平，而不是制造冲突，才是根本诉求。这些年的索马里护航已经得到了世界性的赞誉，真正体现了中国作为负责任大国的风范与人道主义精神。从刚开始的4艘中国商船的护航目标，到现在的两位数护航频率，中国海军的和平任务已经相当明确。而中国发展航母，也不是为了战争，而只是为中国实现包括恢复海洋权利、扩展海洋利益、完成海洋复兴、保证世界和平的梦想多提供了一种选项而已。

知名学者王义桅在其近著《海殇：欧洲文明启示录》中说，英、日等海洋国家在今天世界上的尴尬处境，欧洲海洋文明的衰落，郑和下西洋未竟之事业，对中国走向海洋都是很好的警示，表明中国的海洋强国梦，走自己的老路或西方扩张的老路，都是没有出息的。

从现实行为的角度看，中国对于周边的摩擦总体上保持着克制的态度。这种克制除了历史文化、社会环境等因素之外，主要源于目前中国人的战略视角，更多放在了长远的民族复兴和国家崛起的梦想上。中国需要尽快融入世界，最大限度地与世界成为一体，那么就要求不能与周边国家过分计较。但这决不意味着今天的中国仍然"怕"日本，甚至"怕"越南或菲律宾。

王义桅的描述有一定的代表性：中国重新走向海洋的梦想，不是去恢复郑和当年的辉煌，也不是载着黄土在海上漂流，更不是扛着大炮在世界上游弋，而是要塑造"全球中国"的身份和世界领导型国家的地位。

总之，中国肩负着民族复兴与文明复兴的双重梦想，为此必须实现跨越式发展。在经济上跨越已经指日可待，但在军事的赶超上却陷阱重重，中国一定要小心。

## 从挨打、挨饿到挨骂

从1840年到1949年，中国长期处于挨打、挨饿的苦难深渊，超过4000万人死于帝国主义列强的侵华战争与屠杀。如此巨大的死亡人数，超过现在澳大利亚、加拿大两国的人口数量总和。

权威国际法专家王铁崖教授曾统计，自第一次鸦片战争以来，中国与帝国主义列强共缔结过1175件约章,其中绝大多数是不平等性质的条约,涉及割地、赔款、租界、驻兵、关税、法权,势力范围更是林林总总。中国成为西方列强"餐桌"上被割凌最多的一块肥肉。

中国是近代以来唯一一个国土面积的东、南、西、北四个方向都受到外敌入侵的国家。由于入侵,自1840年以来,中国被迫割地或允许独立的国土面积高达400万平方千米左右,几乎是当下中国国土陆地面积的一半;由于各类不平等条约,中国被迫赔款金额仅在1911年以前就高达13亿两白银,人均近3两白银——当时一个普通农民五年的收入。

从这些史实看,近代史上的中国人民是世界上最苦难的民族,而近代史上的中国政府也几乎是世界上最无能的政府。

清政府对诸多帝国主义列强的瓜分毫无反击之力,在领土上任由人摆布,从辽宁的旅顺,到山东青岛,再到福建、广东、广西、云南、海南,几乎所有富饶的省份都经历过列强之间私相授受的悲剧与荒唐。

在国民保护上,华人是世界上最受歧视的民族之一,近代中国政府根本起不到保护华人的作用。大多数西方列强的历史上都曾出现过歧视华人的法案或条款,尤其是1882年美国通过的排华法案,更使华人成为美国历史上唯一被国会和联邦政府立法排挤和禁止移民的民族。

在西方的中国历史教科书上,中华民国通常被称为"亚洲第一个共和国"。但是,那个时代的中国,恰恰是中国历史的大动荡、大混乱的时代。1911年到1949年短短38年之间,宣称是代表"中国"或"国民"的独立政府数量超过20个(次)之多。军阀混战,经济破产,国土分裂,政府腐败,天荒频仍,兵匪流窜,人民所遭受的苦难更是世界历史上所罕见的。

据学者陶直夫的计算，自1927年到1930年这短短3年间，动员10万人以上的战争就达30次。台湾的"中央研究院"一份1912年至1930年历年发生战争的省份统计表中，仅1927年至1930年中国北方内战每年波及的区域省份为：1927年14省，1928年16省，1929年14省，1930年10省。从1912年至1933年，战区平均每年达14个省份，战争次数多达700多次。

1930年代以后，整个中国又遭受了日本帝国主义堪称"人类历史上最凶残的摧残"，北起黑龙江，南至海南岛，东起海滨，西到重庆，占中国约2/3的国土受到日本的侵犯，制造的较大规模的杀人血案达4000多起，残杀手段多达250多种，绝大多数是那些针对妇孺的令人发指的手法。铁蹄所至，生灵涂炭；屠刀所向，尸骨成山。

中国的文化遗产、矿藏资源、物质精华，几被洗劫一空，直接造成财产损失高达1000亿美元，间接损失达5000亿美元，导致中国社会进步的严重停滞。要知道，1940年，作为经济第一强国的美国，一年的GDP才1013亿美元。

战争让中国人民饱受横征暴敛、蛮荒亡国之苦，使中国处于被开除地球籍、被淘汰出历史的危险边缘。

民国时期，中国的人均寿命不足35岁，文盲高达80%，半文盲比例高达90%以上；土地兼并严重，占全国人口93%的农民大量失去土地，成为社会祸乱的根源；政府极度腐败，国民党高级军官90%以上拥有自己的商业势力；鸦片贩卖与种植远甚于晚清，至1949年，平均每25

个中国人，就有一个鸦片烟民；黑帮泛滥，帮会林立，成为政府勒索平民百姓的"黑手套"；土匪恶霸猖獗，为害乡里，有学者考证，当时土匪人数高达2000多万，很多地方军阀都是土匪起家；医疗体制崩溃，疾病猖獗，造成万人以上死亡的重大疫情就达59次之多；工业薄弱，整个国民经济几乎以农业经济为主，发电量的55%被外资垄断，石油产量为零……

从1949年中华人民共和国成立开始，中国开始渐渐扭转"挨打""挨饿"的局面，渐渐摆脱了极端贫困的民众厄苦、列强环伺的生存威胁、国家分裂的主权难题。新中国初始的27年，即毛泽东时代，中国发展进程整体上都是围绕着如何解决不再挨打、不再挨饿的难题而展开。

据中国社科院原副院长李慎明教授等多位知名学者的评价，毛泽东时期的国家建设大体可以分为以下几点：

一是先后进行了抗美援朝、中印自卫反击战、珍宝岛战役、抗美援越战争，投入大量人力、物力和财力进行的"大三线""小三线"建设，成功化解了冷战时期的两个霸权主义国家美国的封锁、苏联的"核打击"企图，正式确立了不容小觑的中国国际威望，全面终止了1840年以来的中国国运颓势。

二是自力更生研发出"两弹一星一潜艇"。1964年10月，我国第一颗原子弹爆炸成功。1966年12月，我国第一颗氢弹试验爆炸成功。1970年4月，我国第一颗人造卫星发射成功。1971年9月，我国第一艘核潜艇下水；1974年8月，正式加入人民海军战斗序列。邓小平1988年明确指出，如果上世纪60年代以来中国没有原子弹、氢弹，没有发射卫星，中国就不能叫有重要影响的大国，就没有现在这样的国际地位。

三是建立了独立的比较完整的工业体系和国民经济体系。毛泽东曾感叹旧社会给我们留下的东西太少："现在能造什么？能造桌子椅子、茶碗茶壶，能种粮食，能磨面粉，能造纸，连一辆汽车、一架飞机、一辆坦克、一辆拖拉机都不能造。"但到1979年，新中国成立30周年大会上，叶剑英自豪地宣布："我们在旧中国遗留下来的'一穷二白'的基础上，建立了独立的比较完整的工业体系和国民经济体系。"

四是建成国计民生所必需的大量基本基础设施。在短短27年中，仅靠人力修建的8.4万多座水库，至今仍在农业生产中发挥着最基础和中坚性作用。公路、铁路、电网的建设打下了扎实的基础。

五是排除种种干扰加入联合国，重回国际舞台。1964年中国与法国建交，法国成为第一个与中国建交的西方国家，中国成功突破美国、欧洲诸国和日本等主要国家对中国的外交与强权政治封锁。1971年中国重回联合国，真正跨入了大国的行列。

由此可以粗略判断，改革开放前的30年，一个重要的历史功绩就在于，成功避免了中国再次陷入落后挨打的局面，以多场反侵略战争、最基础的国家建设和最必要的外交突破方式，有效地防范了军事冲突对中国的伤害。新中国最初的历史表明，中国梦要实现，首先要建立在"不挨打"的基础之上。

此后，改革开放30多年的伟大进程，基本终结了"挨饿"的惨状。中国的GDP年均增长9%，远高于同期世界经济3%左右的年均增长速度。与此同时，中国现已成为世界第一外汇储备大国，通过引进国外的资金、技术和管理经验，进行消化、吸收和再创新，大大提高了中国的生产力水平，缩小了与发达国家的差距，中国经济总量已位居世界第二。越来越多的人预测，中国经济总量将在2020年前后成为世界第一。

更重要的是，过去30多年，中国的民生得到了显著改善，人民生活总体上进入了小康水平。中国城镇居民人均可支配收入和人均住房面积都有大幅提高，中国农村贫困人口从1978年的2.5亿减少到2010年的2688万，贫困发生率从30.7%下降到2.8%。中国是目前全球唯一提前实现联合国千年发展目标中贫困人口减半目标的国家。

从历史进程的视角，揣摩中国崛起、民族复兴的中国梦实现，必然会伴随着发动对外战争的看法，很容易落入历史虚无主义的窠臼中。

战争，无论是内战，还是外来侵略，中国人的悲惨记忆仍是深刻的。绝大多数中国人所追求的"国强民富"，在脑海中丝毫没有闪现对外的军事掠夺、武力侵犯。这既是近现代的历史发展惯性使然，更是民族苦难史的文化塑造所致。

然而，中国完成了"不挨打""不挨饿"的两大历史使命之后，又再次面临着新的历史难题，即"挨骂"。

近几年，全世界最热衷议论的国家之一便是中国，有关中国的报道可谓铺天盖地，充斥于各国媒体。这些关注中国的声音里，有热烈的赞扬甚至不切实际的吹捧，但更多的是语言尖酸刻薄的批评甚至谩骂，有的批评是令人深恶痛绝的，甚至可以视之为侮辱、挑衅，或是戴着有色眼镜看中国。实际上，这样的话语被动状况是比军事冲突更难应对的一种战争。

## 非军事化的战争骚扰着中国梦

21世纪初，美国学者托马斯·巴内特的《五角大楼的新地图》一书红极一时。书中认为，核武器出现造成的相互摧毁的可能性，以及经济相互依赖的加深，使得大国之间的战争几乎走向终结。巴内特说，"大型战争走开了，小型战争已经出现"，"国与国之间的战争正在走恐龙的发展道路"。此书的根本初衷是在呼吁美国寻找新型的敌人，比如恐怖主义者以及其他一些危及公共安全的问题，但大国战争终结的假设仍然引起了国际学术界的一片争执。

对于中国而言，巴内特的判断至少应引起人们对未来战争形式的深层思考。换句话，当中国有实力避免"再挨打"时，中国应当防止怎样的国家利益"被侵犯"？

### 对华经济战争每天在发生

广义上的经济战概念，是指竞争双方为夺取战略优势而进行的一切经济斗争，严重一些如战争期间各种形式的经济斗争、经济封锁和经济扰乱；常规的则诸如国家与国家之间的贸易战争、金融战争、货币战争、粮食战争、石油战争等围绕经济要素而展开的斗争。

金融危机爆发以来，全球经济面临1929年经济大萧条以来最困难的局面。很多国家为了自保，挥舞起了贸易保护主义大棒，为的就是从贸易顺差中能够取得像战争那样的利益。发动这场贸易战争的，首先就是美国。

从1980年以来，美国平均每年都有1000亿美元的贸易逆差，且呈加速之势不断增长，尤其在小布什任职总统期间，美国的贸易赤字更是连续五年创出新高，2006年达到了7635.9亿美元的天文数字，占美国当年国内生产总值的比例接近7%。2012年美国贸易总额达到38628.59亿美元，贸易赤字有所降低，约为5400亿美元。

在这个巨额的对外贸易赤字中，其中的2955亿美元是对华贸易赤字，约占55%。长年的对华贸易赤字，使得中国成为美国最大的债主。截至2013年7月，中国所持美国国债总计12758亿美元，依然稳居世界榜首。

这使得美国对华贸易战争变得异常激烈、凶猛和带有自觉性，即通过各种贸易、金融、货币手段抹去债务、获取经济利益，成为美国不择手段、不顾道义要实现的目标。然而，鉴于中美经济之间的相互依赖度，美国的对华贸易战又是异常隐蔽的。大致来看，这种战争手段有三大类：

一是从2008年以来，美国连续四轮的量化宽松政策，简而言之，即开动印钞机印制巨量美元纸币投入流动市场，推动美元的强行贬值，使中国的美元资产严重缩水，仅第一轮量化宽松政策，就使得中国外汇储备和所持美国国债分别损失546亿美元和270亿美元。而美元的不断贬值，也严重冲击了中国的外贸出口，加剧了中国的通货膨胀。更糟糕的是，美国增发的美元，据称有40%都以各种渠道流入中国。大量涌入的热钱加剧了中国资本市场资产的泡沫化，给中国经济留下恶果和隐患。

二是通过构建孤立中国的"跨太平洋伙伴关系协议（TPP）"，全面介入亚太区域经济整合进程，阻止亚洲形成以中国为核心的贸易集团，确保美国西太平洋的地缘政治、经济和安全利益。换句话说，美国希望在环太平洋地区再打造一个自由贸易带，将中国排挤出去，重塑并主导亚太区域经济整合进程，稀释中国的区域影响力。

三是以各类商品为基轴的对华贸易战，比如石油战争、粮食战争、药品与疫苗战争、光伏战争等。以石油为例，1998年石油仅11.8美元/桶，近年来则达到150美元/桶左右，涨了12倍，同期全球石油需求上涨不足8%。美元却贬值了20%。换句话说，相比之下，在全球石油增长有限的情况下，石油价格暴涨的目的就是变相掠夺石油进口国的财富。中国则是最大的受害者，中国石油的对外依赖度已达60%，巨额的外汇结算资产，将在石油贸易中损失殆尽！

总之，频频爆发的经济战争，使中国在经济全球化的大时代下腹背受敌。中国是全球化的新学生，该如何应对全球化的风险与挑战，中国一直在积累着经验，交纳着高昂的学费。但中国梦要实现，中国必须成为全球化背景下的经济战斗高手，要拥有强大的全球经济掌控、规划与谋利能力。在这条经济战争的道路上，中国的确还要走很远。

## 网络战争每时都在进行

自1999年科索沃战场上的"全球第一次网络战争"以来,网络战争曝光频度越来越大。2008年8月俄格冲突,2009年"肉鸡电脑"对美、韩政府的攻击都是近年来网络战的典型。2011年2月,美国《国家军事战略》首次将"应对网络安全威胁"单列为一项军事战略,并明确表明要有"攻击性能力"。2011年5月16日,美国白宫、国防部、国务院、国土安全部、商务部、司法部联合发布《网络空间国际战略》,从国家顶层设计的高度阐释美国在互联网空间进行的政治、经济、安全、司法、军事等领域的国际安全战略调适。在此报告中,美国力推在互联网领域有利于美国利益的"互联网自由",使"网络主权"和"信息边疆"的概念成为各国舆论与学界热议的话题。

在这场网络战争中,中国是主要的受害者。据美国安全领域的领先厂商赛门铁克公司发布的互联网安全报告显示,全球网络攻击有33%来自美国,近阶段31%的网络恶意活动来自美国,这两项纪录,美国都排名榜首。

另一方面,中国是世界上受网络威胁最严重的国家。全球受木马感染和控制的计算机中,有26%处在中国。其中,仅仅北京一个城市,受感染的计算机就占到全球的5%,是世界上受网络安全威胁最严重的城市。而通过木马病毒操纵他人计算机的"黑客",则有40%来自美国。

2013年夏天,美国中央情报局(CIA)前雇员爱德华·斯诺登主动公布身份,对美国进行的绝密网络监控进行资料揭发。据爱德华·斯诺登说，美国情报部门在全球范围内共实施了6.1万余次黑客行动，其中大量都是针对中国，袭击目标包括大学、企业和政府人员。一直以来，美国官方都渲染"中国黑客威胁论"，指责中国黑客潜入美国军队和企业电脑，而斯诺登的揭密证实了美国在撒弥天大谎。

在Web 2.0时代，新型国际博弈关系正在形成，由于社交媒体对本国及他国的强大渗透力与传播力，很容易成为某种外交力量，各国尤其是大国纷纷展开外交创新，利用社交媒体开展新一轮"E外交""数字外交""2.0外交"。

美国对华社交媒体外交的攻势更是明显。2009年11月，在奥巴马访华前，美国驻华大使馆还专门邀请了一些博客作者，举办针对中国博客的奥巴马访华吹风会。2010年1月7日，美国国务卿希拉里宴请10名美国IT界高层时提出，美国21世纪的重要策略就是利用Google、Facebook、Twitter等网络新技术力量推动外交。5天后，谷歌突然提出退出中国市场，引起世界舆论的轩然大波。2011年5月16日，美国发布的《网络空间国际战略》报告中公开宣布："鼓励世界各地的人们使用数字媒体……组织社会和政治运动。"

近年来，美国驻华大使馆通过微博等社交媒体，展开围绕驻华大使的个人形象公关、公布北京空气质量的数据，都是旨在加深美国政治价值观与标准在中国国内的影响。美国2012年总统参选人、前驻中国大使洪博培11月12日在CBS竞选辩论节目中说了这样一段话："我们应该联合互联网一代的中国年轻人……扳倒中国(take China down)。……这就是我(如果)当上总统所要做的。"

对此，处在民族复兴进程中的中国，必须要提升与强化互联网主权意识。中国不仅需要继承与强化在 Web 1.0 时代所确立的互联网既定战略，更需要重视 Web 2.0 时代所引发的社会分化、矛盾突发、集聚快速、内部分裂等消极效应，尤其是要警惕来自于外部世界的恶意中伤、造谣、挑拨等。处于社会转型敏感期的中国，在 Web 2.0 时代的平衡过渡更加需要小心翼翼。

对于政府而言，需要有更为主动、全面、严谨、长远的互联网国家安全战略，分层次、分级别地构建国家信息安全战略，提高互联网世界中的风险辨析力、危机预警力、挑战控制力，并分等级地设立相关防线；对于民众而言，也需要提升互联网的安全意识，端正理性的价值观念，须知"网络无国界，网民有国家"的基本逻辑，不要受国外不良信息的蛊惑，更不必迷信充斥于社交媒体中个人发布的形形色色的信息。

### 社会心理战每分每秒都存在

早有哲人说过，欲乱其国，必先乱其思想。将人们心理的长城摧垮，比用导弹摧毁防御工事的危害性还要大。这是转型期的中国人每分每秒都需警惕的。

目前，中国正处在一个矛盾多发、集中体现的时期，这个时期也是能否实现民族复兴的重要时刻。在这个时期，对华进行文化心理战的攻击，是中国的竞争对手每分每秒都在做的事情。

从微博、BBS等各类网上的各种言论看，中国的各种弊端时时都被暴露出来。不能否认，这些暴露一方面是促进了中国社会的进一步改革和进步，但另一方面，其效果是明显激化了内部民族矛盾（如汉维之争等），挑拨了地域矛盾（如抹黑河南人等），混乱了是非的标准（如为秦桧翻案、抹黑毛泽东、歪曲一些英雄人物等），全面否定中国的传统文化，挑拨中国与战略友好国家的关系（与俄国、东南亚等），挑动中国参与国力所不适应的国际军事竞争（比如直接出兵伊朗），等等，其目标就是制造社会焦虑与恐惧，营造某种"中国即将崩溃"的预期，让中华民族复兴的进程停滞。

在当下的社会舆论中，批驳这些揣测似乎要比接受他们更难，因为类似"崩溃论"的言论，总能在屡屡曝光的收入不公、腐败、信仰迷失、环境污染等社会缺陷中找到证据。这直接导致了当下中国社会"抱怨文化"的流行，以致在自由主义倾向严重的各类市场化媒体中，尤其在微博世界里，骂政府、批官员总能得到更多人的附和，而力挺政府、理解中国复杂性、坚持大政方针的言论，就有可能被戴上"五毛党""御用文人"甚至更恶劣骂名的危险。

但另一方面，这些"盛世危言"显然又是荒诞的。它正在"异化"中国发展的基本盘，与当下中国社会欣欣向荣的成就极不相符。中国的确面临不少社会问题，但环顾整个世界，过去20多年，中国肯定是犯错误最少的大国，是最有前景的大国，是最有独特发展道路的大国。一个重要的例证在于，近年来赞许和肯定中国发展的西方声音越来越多，"中国崛起""北京共识"等讨论都起源于西方，诸多国际政治学大师都在修正过去看低中国的看法。

显然,中国社会焦虑的蔓延与国家整体局面的看好之间,存在着一个巨大的解释力悖论,社会正负情绪之间出现了"舆论逆差","负面情绪"正在压倒"正面陈述",抱怨的声音远远盖过主流舆论。

笔者把这种悖论视为中国社会思潮进入了"第四次徘徊情绪"中,即在上世纪70年代末"要不要两个凡是"、80年代末"姓社"还是"姓资"、90年代末"国有"还是"民有"之后,产生了要"向前走"还是"向后退"的犹豫和选择。十年一轮回的历史表明,每当"徘徊情绪"在社会普遍蔓延时,人们的焦虑感就会上升,在舆论上往往变得异常波动,并很容易掩盖和忽视国家整体向上的真实景象。

这并不是说民众的普遍担忧是虚幻的,也不是说体制内外精英惊呼"不改革就有可能亡党亡国"的观点不值一驳。事实上,"第四次徘徊情绪"与前三次一样,都在形成对国家体制修补与变革的巨大推动力。

目前,从各地政府都将利益协调、矛盾调处、权益保障等作为各自工作的重中之重的角度看,只要"第四次徘徊情绪"处理得当,就会与前三次一样,不仅会促进国民经济的发展,也能催生社会进一步的大繁荣。毕竟,相比于美国、欧洲、日本等发达国家存在社会问题的死结,中国困境的解决空间与成功概率显得更大。

在1949年中国政协第一次全体会议前,西方就预言"中国将永远是天下大乱";20年前,西方再次预测中国将重蹈苏联的覆辙;10多年前,美国华人学者章家敦的"中国崩溃论"风靡全球。"中国崩溃论"间断性流行,一方面在于西方学术界长期以来的高傲与天生优越感,认为西方模式才是中国发展的最终归宿，进而使中国崩溃的预测一度主导着西方社会舆论；另一方面则在于中国社会科学界对国内发展模式解释力的苍白与无力，使猜测中国崩溃的言论屡屡占据舆论的上峰，这使民众过于依仗和屈从于西方及传播西方声音者的判断。

但是，成功是最好的理论。中国持续快速的发展使全世界都为之着迷，争相解释中国成功的秘诀。现在，即使20多年前"历史终结论"的始作俑者、美国著名学者弗兰西斯·福山都已修正先前的看法，高度评价中国模式的优越性，公开撰文认为"在民主问题上，美国没什么好教中国的"。许多西方学者对中国的研究也在重塑原先仅以西方少数国家为研究范本的整个社会科学范式。遗憾的是，现在国内一些人却依然还在延续西方20年前的观点，不愿看到中国的长足进步，仍用西式的逻辑框架来丈量中国，这无疑是中国知识界一些人长久以来习惯于"唯西方马首是瞻"的思想残余与惰性。

对此，中国社会理应树立信心，真正理解中国崛起正在开创人类历史的基本事实，并最终克服自卑与悲观的情绪。要知道，中国的现代化还只是刚起步不久，政治自信对于一个国家来说非常重要。

现在的首要问题在于，中国社会必须要尽一切可能消减Web2.0时代造成的信息扩大效应，扭转在微博中以谩骂政府为荣、理解国家为耻的"逆向政治正确"互联网氛围。

正如习近平在2013年8月19日讲话中指出："经济建设是党的中心工作，意识形态工作是党的一项极端重要的工作。……在全面对外开放的条件下做宣传思想工作，一项重要任务是引导人们全面客观地认识当代中国、看待外部世界。宣传阐释中国特色，要讲清楚每个国家和民族的历史传统、文化积淀、基本国情不同，其发展道路必然有着自己的特色；讲清楚中国特色社会主义植根于中华文化沃土、反映中国人民意愿、适应中国和时代发展进步的要求，有着深厚历史渊源和广泛现实基础。"

民众的恐慌与各级执政者的草木皆兵，是当下中国不适应感的典型反应。但中国持续崛起的事实不断证明，当下的困境是暂时的、局部的、可解决的，中国体制的一些问题是本土原生的、超越西方的、是可以纠错的，而所谓的"中国崩溃论"也必将像物理学伪问题"永动机原理"一样，被扫进历史的故纸堆中。

## 中国不畏战，也不求战

战争，是人类发展进程的一个永恒话题。作为世界上人口最多的国家，中华民族的复兴肯定会成为21世纪最伟大的事件，而揣测是否有一场战争推动、影响或阻碍这个伟大的进程，肯定也会伴随于这个复兴进程的始终。

2012年底，习近平在会见驻穗部队师以上领导干部时特别指出，实现中华民族伟大复兴，是中华民族近代以来最伟大的梦想。这个梦想是强国梦，对军队来说，也是强军梦。要实现中华民族伟大复兴，必须坚持富国和强军相统一，努力建设、巩固国防，强大军队。习近平说，要牢记，能打仗、打胜仗是强军之要，必须按照打仗的标准搞建设抓准备，确保我军始终能够招之即来、来之能战、战之必胜。

这是中国领导人近年来对于战争最果敢、最坚决的表态，不仅大大鼓励了军队的士气，也极大地激励了整个中国社会对强国梦、强军梦的思考。

过去10多年，中国人物质生活日益充裕，精神世界却日益空虚。尤其是在和平环境下，越来越多的年轻人都开始对内忧外患的时局开始麻痹大意，乃至丢失了自古以来引以为荣的尚武精神。

当下的社会文化氛围，总能隐约让人感到阵阵阴风。比如，许多舆论都在讲，目前是一个消费男色的时代，男人的妩媚成了消费的时尚。昔日阳刚之气、粗犷威猛的男性崇拜，如今却变成说话嗲声嗲气、翘着兰花指、穿着色彩艳丽的服装、身上喷着香水、脸上涂着化妆品、遇事畏畏缩缩的伪娘模样。久而久之，这种失去传统文化之根的中国人，极易走向享乐、纵欲、拜金的泥潭。

在政治与安全议题上，这种文化倾向正使得一些对内见义勇为、对外仗义执言的美德，反而被屡遭批判；胸怀天下、安民强兵、锐意进取、轻生死、重大义、知廉耻的品格，常常被一些"智叟"视为是一种好高骛远。因此，要强国，首先要从纠正这种文化阴性化、空虚化的趋向做起。

遥想2000多年前，整个中国社会的精英人才都愿意从军报国、建功立业，班超的"投笔从戎"、苏武牧羊的故事感染了一代又一代的青年人。当年的汉代，灭匈奴、破楼兰、平羌人，战功显赫；直到唐朝，灭东、西突厥，平定薛延陀，征高丽而建功于域外，耀中华国威以慑四夷。作为中国传统文化中最闪光的部分，尚武精神理应得到重塑。

重塑尚武精神，就是要时刻记住"忘战必危，好战必亡"的道理。中国人要谨慎言战，但要时时做好战争的准备。有备才能无患，敢战方能言和，这是被数千年来各个民族兴亡、各个朝代更替、各个大国兴衰无数次验证过的辩证法。

10年前，中国首次提出"和平崛起"，对数百年来西方的国际政治理论形成颠覆性的修正。但至今，西方世界仍然对中国有别于欧美列强的掠夺式崛起、战争式崛起的中国梦圆梦路径将信将疑，对此，中国必须要有长期的耐心、恒心与信心。

行动是最好的证明。无论各类战略风险是否在上升，保持冷静，而不是冒进；时刻保持战略调适的姿态，而不是动辄进行战略颠覆，就能在舆论狂热的态势下越走越远。

事实上，中国的困难反而是在自身。就是说，中国人自己是否真的确信现在走的道路始终会有别于美国，是否相信这样的道路真的有经验可循，是否真有值得外人效仿的经验，是否愿意把经验拿出来与世界分享，并且能说得清、让人听得懂？

从这个角度看，中国与未来大国的竞争，绝对不是相互之间的"拳打脚踢"（事实上，很多大国之间都没有这样的意愿，也都没有这个能力），而在于彼此内部的"修炼内功"。中国与其他国家之间，谁的国内社会活力、民众幸福、人心向背等内部发展事务更顺畅，谁就有更强的对外运筹帷幄能力，国际博弈的主动权就会掌握在谁手中。

在这点上，尤其要注意来自目前世界唯一超级大国，也是唯一在综合国力上强于中国的大国美国的竞争。对中国来讲，一个致力于国内改革与经济增长的美国，或许没有强烈的军事进攻性，却可能远比过去更富有国家竞争力。这是美国最不容小觑的实力所在。中国要正视的，不只是美国在军事、贸易和外交层面的战术挑衅，更是美国在国家长期发展上的战略潜力。

再过若干年，中、美两国是否依然繁荣，是否会有第三个国家来顶替成为世界最强国，归根到底还得取决于中、美两国自己。如果美国还有战略、战争挑衅呢？那就想想过去十年被中国发挥得淋漓尽致的四两拨千斤的战略巧劲吧，这点应该在未来得以继承。

# 第十章

# 世界能分享中国梦吗

## 美国梦遇上中国梦

1931年,美国历史学家詹姆斯·亚当斯在《美国史诗》中第一次提出"美国梦"的概念时说:"美国梦是在一个每个人应生活得更好、更富裕、更充实的国家里的梦,根据其能力或业绩,每个人都享有选择机会。"

此后,几乎每一任美国总统都在重复诠释这种"明天将会比今天更好"的观念。渐渐地,美国被描述成了一个最具进步主义精神、"迄今为止为世界的思想和福利做出最伟大的贡献"的国度。在此后半个多世纪,美国梦成为令全世界亿万民众向往并疯狂移民至美国奋斗、追求成功的精神支撑与感召源泉,进而塑造了美国称霸于世界的思想与软实力。

可惜的是,梦想一旦被塑造得过于伟大,陨落得也就越快。2008年发端于美国华尔街的国际金融危机,令全世界开始惊呼美国梦的虚幻与终结。因为2004年美国前总统布什允诺"人人有房"而推行的"零首付计划",很快就演变成了一场寅食卯粮的次贷危机,成为席卷全球的金融灾难。经济低迷、失业率高企,中产阶层在痛苦中挣扎,贫富分化到了空前的窘境,衰退的美国经济从根子上抽掉了美国梦的物质基础,美国梦成了一场噩梦。

接着,2011年美国爆发"占领华尔街"运动,抗议1%富人对99%穷人的极端不平等。2012年6月26日,诺贝尔经济学奖金获得者约瑟夫·斯蒂格利茨在英国《金融时报》发表了《美国不再是机遇之地》一文,强调指出:"我们(美国)曾经被认为是机遇之地。……美国曾经不辞辛苦地创造美国的机遇之梦。然而,今天,这个梦成了一个神话。"斯蒂格利茨还预言,"在美国政界一心想着削减公共教育和其他提升低层和中层人群际遇的计划,同时要为顶层收入人群减税的情况下",美国将导致一个更加分裂、增长放慢、政治和经济动荡的社会。

2013年,好莱坞第四次将1925年出版的美国作家菲兹杰拉德小说《了不起的盖茨比》搬上银幕,风靡全球。几乎所有观众似乎都领悟到了导演想"借古讽今"的用意,影片中当年的盖茨比追求物质财富和生活享受的美国梦早已受腐蚀,主人公的肤浅、贪婪,注定了美国梦的荒谬。

影片上映几周后,斯蒂格利茨的预言仿佛受到了印证。时值中国2013年国庆节第一天,美国两党因预算谈判的破裂,美国联邦政府被迫关门,数十万联邦政府公务员被迫暂时失业,"美国梦终结"的惊呼再次兴起。有中国网友对此还调侃道,奥巴马难道是中国派遣潜伏白宫的卧底,"心念祖国,为了庆祝国庆节,把美国公务员集体放假"?

被视为20世纪最伟大思想贡献的美国梦广受国际质疑的时候,大洋彼岸的一个古老国度萌生了新的国家梦想,中国梦在升腾。

2012年11月15日,中共十八大结束,新一届领导集体上任以后,"中国梦"一词正式进入官方词汇,并迅速走红。

2013年3月17日,新任国家主席习近平为13亿国人再绘中国梦:"国家富强、民族振兴、人民幸福,这是国家的梦,也是国人的梦。""中国梦归根到底是人民的梦,必须紧紧依靠人民来实现,必须不断为人民造福。"

3月31日,习近平上任后首次出访,在俄罗斯、坦桑尼亚、南非、刚果的国事访问中几次谈及中国梦:中国梦是"顺应时代前进潮流,促进世界和平发展","中国梦,不仅是造福中国人民,而且要造福世界各国人民",中国梦不仅仅是要实现自己国家的梦,更是一个开放、包容、共享的"世界梦"。中国梦开始从官方的话语中牵动着世界的关注。

把这种中国梦进行再解释的习惯性逻辑就是,如何将之与美国梦相区分。对此,新加坡国立大学学者石毓智2013年5月的《中国梦区别于美国梦的七大特征》一文则是典型。他说:"迄今为止,敢以国家来'做梦'的只有中国和美国这种大国。"但"中国梦与美国梦的不同是必然的,这是由历史、文化、经济、地理等因素决定的。"

石毓智将两者的差别及其原因概括为如下七点:一、中国梦是国家的富强,美国梦是个人的富裕;二、中国梦的目的是民族振兴,美国梦的目的是个人成功;三、中国梦必须由中国人自己来实现,美国梦可以利用其他国家的人才资源达到;四、中国梦是群体的和谐幸福,美国梦是个人的自由和快乐；五、中国梦具有纵深的历史感，美国梦只有现实的体验；六、中国梦依赖群策群力，美国梦靠的是个性张扬；七、中国梦是为了民族光荣，美国梦是为了个人荣耀。

虽然该文对两者进行区别的目的是想说明，"中国梦是根据中国脚量身定做的一双鞋"，想强调要"通过实干来实现自己的梦想"。但从实际效果上看，中国梦要发展，重要的不是要突出中国梦与世界的不同点，而是彰显与世界的相似与提升之处。毕竟，中国要真正成功，离不开世界的理解与支持。

从这个角度讲，"中国梦与美国梦是相通的"更容易被多数人接受。中美两国的梦想都是关于世界和平、国家富强、人民福祉三个层面的逻辑定位，不同的只是，中国梦所要涵盖的人口更多、历史深度更强、难度更大、责任更重、所惠及的面也会更多。

中国梦不是为了替代美国梦，而是在整个世界的基础上升级了美国梦，正如两三百年前美国梦承载与延续着来自西欧早期移民的希望一样。

## 中国梦是人类智慧的最新结晶

2013年6月7日，中国国家主席习近平与美国总统奥巴马在加利福尼亚州安纳伯格庄园举行了一场非正式会晤。在传回的电视画面上，习、奥二人没有穿西服，而是像老朋友那样轻松地谈话。

习近平说:"我明确告诉奥巴马总统,……中国梦要实现国家富强、民族复兴、人民幸福,是和平、发展、合作、共赢的梦,与包括美国梦在内的世界各国人民的美好梦想相通。"这是中国官方对中国梦与美国梦关系最正式的表达。

更重要的是,习近平强调:"我和奥巴马总统都认为,……中美应该也可以走出一条不同于历史上大国冲突对抗的新路。……中美建设新型大国关系前无古人、后启来者。"的确,这种大国领导人是两国加强对话、增加互信、发展合作、管控分歧的关键步骤,也是走出历史上大国对抗之魔咒必不可少的路径。

2013年9月20日,中国外交部长王毅在美国布鲁金斯学会演讲会上再次阐明中国梦的外交前景。他说:"有研究显示,历史上大约有过15次新兴大国的崛起,其中有11次与既有大国之间发生了对抗和战争。"要实现民族伟大复兴的中国梦,不冲突对抗恐怕是唯一途径。因为尤其像中、美这两个国家,"对抗肯定是双输,战争肯定没有出路"。这种不对抗、不冲突的宣示,表达了中国梦的和平发展诚意,也体现了中国梦思想是实实在在地站在了大国崛起历史教训的肩膀之上,是人类思想的最新结晶。

**中国梦吸取了日本对外侵略的教训**

同样是拥有超过千年悠久历史的现代化后进国家,从19世纪中叶开始,深受欧美列强入侵之害的中日两国,都进入了救亡图存的道路。

翻开"日本现代近代文明缔造者"、启蒙思想家福泽谕吉（1835－1901年）的文献，会发现他的许多呐喊与清末民初许多中国启蒙思想家的想法是那么相似。

福泽宣传文明开化，成功推动了明治维新，在数十年之内使日本摆脱列强欺辱，实现了富国强兵和国家独立的日本梦。相比之下，在这条路上，中国多走了将近80年的弯路，直至1949年才实现国家独立，重塑民族尊严；1978年才开始改革开放，推动社会解放。

但不同的还有，福泽的日本梦本质，是一种弱肉强食的丛林法则，是强大时就提倡压迫的"禽兽梦"。所以，从1884年国力刚刚开始壮大起，日本就走上了对外侵略的道路，长达60年之久，直接造成中国、朝鲜半岛、东南亚各国、苏联等至少2000万人的死亡，经济损失更是不可估量。

害人害己。日本对外侵略也导致本国245万人葬身死海，日本也是人类历史上唯一一个受到原子弹惩罚的国家。第二次世界大战结束后将近70年，日本仍然是一个没有正规军队、没有正常宪法的畸形国家。尽管日本经济总量一度成为世界第二，日本的文明素质令世界折服，但日本人仍然深陷在一个半世纪前那场错误的日本梦深渊中。

可见，一个错误的国家梦想，受冲击的不只是当代，更有可能是未来；一个建立在侵害他人基础上的国家梦想，肯定要受到历史的惩罚。而要偿还历史债的，恐怕还不只是一代人，更有可能付出数代、十数代人、几十代人的代价。可以肯定，未来无数年，日本人还要为福泽谕吉版的日本梦继续埋单。

中国梦率先宣布致力于"不对抗、不冲突"的和平发展战略，共同努力构建"相互尊重、合作共赢、造福世界人民"的心愿，实际上已表明，中国在内心深处就已杜绝重蹈类似日本梦覆辙的可能性，也在思想根处吸取了日本梦的深刻教训。

## 中国梦迈过了苏联沙文主义的陷阱

在20世纪中叶，苏联是中国的"老大哥"，"苏联的今天是我们的明天""中苏友好"一度是最流行的口号，苏联电影、苏联歌曲、俄语、《苏联画报》、苏联英雄故事、苏联援助的技术与人才，等等，全方位地进入中国。

苏联在短短几十年内，把一个不被别国认可的领土大、力量小的国家，一跃而转变成为全球工业强国，尤其是第二次世界大战中，苏联凭借雄厚的工业积累，迫使德军投降，最终成就了作为世界两极格局之一的最强国。

中国把苏联的社会主义伟大实践，视为是为全人类提供的前无古人的经验和思考。苏联梦也曾经是中国人全面向往的国家梦想。苏联为此大量地向中国提供援助，为中国在能源、原材料、民用机械、国防军工、工业等方方面面的重建做出了不可磨灭的贡献，推动中国在短时间内就建立起了配套的国防工业基础。

但1958年后，中苏因"长波电台"和"联合舰队"事件发生争执。1961年苏共二十大后，中苏关系全面破裂。从那之后的24年，中苏两党之间发生了一场旷日持久的意识形态大论战。苏联梦在中国的吸引力逐渐消逝。

究其原因，苏联梦的衰落根本在于，第二次世界大战结束后，苏联在处理与其他社会主义国家的关系时总是以社会主义老大哥自居，不断暴露出大国主义、大党主义的作风，损害并严重制约了社会主义国家之间的正常关系。尤其是1956年波匈事件，触动了当时的中国领导人。

毛泽东当时就注意到，波匈事件实质上是长期以来大国大党沙文主义长期干涉别国内政的必然结果，进而坚定了独立自主走中国式社会主义的决心。1957年毛泽东向全世界庄严宣告：中国坚决主张一切国家实行和平共处五项原则，成为后来半个多世纪中国外交政策的基础，也被世界上绝大多数国家接受，成为规范国际关系的重要准则。

此后的几任中国领导人，从邓小平、江泽民到胡锦涛、习近平，都在诸多国际场合明确表达了和平、发展、合作、独立自主的原则来构建国际新秩序。从这个角度上讲，中国梦与"世界梦"相通的理念，表明中国不只是已迈过了苏联式大国沙文主义的陷阱，更表明中国政府与人民愿与世界各国人民一道，为建设一个持久和平与共同繁荣的世界而努力的决心。

**中国梦要摒弃欧洲梦、美国梦的糟粕**

冷战结束的历史，侧面印证了中国外交政策的正确。苏联后来大搞对外扩张、输出革命、输出意识形态、开展军备竞赛，最终拖累了国民经济，落了个解体的命运。整个国家发展倒退20年。直到最近几年，俄罗斯才宣布大致恢复了当年苏联的发展水平。可见，中国人绝不应做苏联梦，不做帝国梦，不做霸权梦，不做冷战梦。

同样，近代历史上曾经先后向海外移民6000万人口、通过到处建立殖民地，甚至用屠杀土著、贩卖人口而实现自身利益、对外掠夺的欧洲梦，中国也在避免。过去多年，绝大多数中国人都脚踏实地地留在本国国土，依靠自身的农业增产、城镇化等消化人口增长、农村人口增多的压力。

近年来，追求地区一体化、社会高福利的欧洲梦在中国思想界赢得大片市场。当代欧洲一直以"生活方式上的超级大国"自居，社会福利也成为欧洲高于世界的道德优越感之一。如何提升目前社会福利水平，是中国要努力为之的方面，也是中国梦能从欧洲梦中吸取营养的重要思想源泉。

但欧洲高福利的社会制度积重难返，高额养老金、悠长假期、长期失业救济、免费医疗保健最终使欧洲沦为了"懒人国家"。寅食卯粮、依赖外债维持的财政状况最终爆发了欧债危机，使得"欧洲梦"的泡沫被自我戳破。这类糟粕也正是中国梦需要警惕的。因为中国梦不是懒人梦，不是高福利梦，不是殖民梦。

另外，关于美国梦中的能源耗费弊病，中国也应该大力批判。占全球人口总数5%的美国人，消耗着全球23%的能源，吃掉15%的肉品，用掉28%的纸张。美国就是一个"超大号"的国家，推崇的生活方式就是超大的食欲、住房欲、占地欲和能源消耗欲。

从这个角度看，如何节约资源，保护生态，推动资源利用方式的根本转变，加强全过程的节约管理，大幅降低能源、水、土地消耗强度，发展循环经济，促进生产、流通、消费过程的减量化、再利用、资源化，是中国梦能否实现的关键。

正如习近平在2013年7月所讲："走向生态文明新时代，建设美丽中国，是实现中华民族伟大复兴的中国梦重要内容。中国将按照尊重自然、顺应自然、保护自然的理念，贯彻节约资源和保护环境的基本国策。"从能源消耗的角度看，中国梦比美国梦更有现实意义、未来意义。

法国历史学家托克维尔曾精辟地分析过大国与小国的不同："小国的目标是国民自由、富足、幸福地生活，而大国则命定要创造伟大和永恒，同时承担责任与痛苦。"人类历史已发展到"大国责任时代"。如果中国重蹈过去，那将是人类的灾难。但中国注定要负新的大国责任，这就意味着未来可能面临的巨大困难与挑战，但中国必须艰难前行。

## 中国梦正让世界分享红利

据中国官方的说法，中国梦的实现有两个关键的时间点：一是2021年，即建党一百年时全面建成小康社会；二是2049年，即建国一百年时建成富强、民主、文明、和谐的社会主义现代化国家。

但对于这个时间点的描述，国际上却有不同的视角与感受。2012年秋，美国智库学者阿文德·萨勃拉曼尼亚出版《日蚀：生活在中国经济霸权的阴影下》一书，引起华盛顿决策者的巨大讨论。

他开篇就很严肃地预测了2021年的未来世界经济场景。2021年，美国面临财政破产危机。美国总统从白宫驱车前往坐落在附近不远的国际货币基金组织（IMF），和中国籍总裁签下了一个解困方案，获得了3万亿美元的货款，然后承诺美国要遵守一系列条件。阿文德说："此刻，世界主导权的交接仪式业已完成。"中国取代了美国成为全球经济引导地位的关键阶段。

阿文德的分析不只是个人的看法，而是折射了整个西方社会对中国复兴的集体情绪与推测。据IMF的预测，2016年将成为"中国世纪元年"，那时，中国GDP总量将增至19万亿美元，而美国则仅有18.8万亿，这是三大经济类国际组织（另两个是世界银行、世贸组织）首次为"美国时代终结"和中国世纪到来明确确定了时间。

美国情报委员会给总统提供的战略决策参考报告则显得稍微保守，但结论是一致的。2012年底，这份题为《全球趋势2030：可能的世界》报告全方位地描绘了2030年的世界图景，声称"中国经济超越了美国""美国独霸世界的单极格局将终结""自工业革命以来西方的崛起被扭转"……

不同的是，类似这样的预测与展望，没有出现在任何当下中国政府的官方文本上。中国梦展望的是，如何与世界合作共赢，倡导人类命运共同体意识。最权威的、代表中国战略发展决策意愿的"十八大报告"用了1490字表明了中国的世界关怀，主题则为"继续促进人类和平与发展的崇高事业"。

中国要为这份崇高事业做出哪些贡献呢？在笔者看来，至少可以分解为以下几点。

**经济贡献**

中国经济从2008年至2012年的年均增长率为9.3%，为全球经济净增量的29.8%。在经历了冲击巨大的经济、金融危机之后，人类财富倘若没有中国的贡献，有可能会急剧缩水，此时，中国经济充当了世界增长的火车头。

危机肆虐的几年时间里，全球进口大大萎缩，但中国却逆势增长。据世贸组织预测，中国未来五年进口需求将达10万亿美元，在成为世界最大出口国之后，成为全球最大的进口国。也就是说，伴随着中国家庭收入的整体跃升，中国不仅是世界第一的工厂，也将成为世界市场，越来越扮演着全球产品的购买者和世界需求的支撑者角色。

中国的对外投资也将不断扩大。在全球投资因危机而缩减的情况下，2011年，中国对外直接投资实现十连增，流量占全球比例从2002年的不足0.5%升至4.4%。中国外汇储备占全球比例从2000年的8.6%增至2011年的31.2%。换句话说，中国已从资本净进口国转化为重要的资本输出国，从主要购买国债等间接投资，到瞄准实体经济直接投资，中国在世界投资舞台上的角色正在成为"资本新源头"，而世界对中国资本的认识也在发生历史性转变。

更重要的是，在世界贫富分化日益加重的大背景下，中国成为减贫的重要力量。按联合国标准，中国从1981年到2008年减少贫困人口6.76亿人，完成全球减贫成就的70%，是首个提前实现减贫领域千年发展目标的发展中国家。与此同时，中国还加大了对非洲、拉美国家等资金援助、商品出口和经验输出，为广大发展中国家消除贫困做出贡献。中国以最快速度的减贫，由此及彼地惠及全球，这在大国崛起的历史上从未见到，也是中国梦有别于欧洲梦、美国梦、日本梦、苏联梦的优势所在。

这些优势为中国经济治理经验的国际推广奠定了底气。改革不合理的国际经济和金融旧秩序，全球呼声已久。世界银行和国际货币基金组织两大国际组织近年不得不实施治理改革，中国在世界银行的投票权已提高到4.42%，在国际货币基金组织的份额将增加到6.394%，均升至第三位，全球经济治理民主化改革取得有效进展。

多年来，中国以开放胸襟、大国自信融入世界经济大家庭，在联合国、二十国集团、金砖国家领导人会晤等国际平台上一直呼吁"均衡、普惠与共赢"，用实际行动推动建立更加公平和公正的国际经济新秩序。这些都可以视为中国梦对世界的经济贡献。

### 政治贡献

20多年前，冷战以西方资本主义胜利的方式结束了。整个世界都响起了"历史终结"的欢呼声，认为世界历史发展到了西方民主制度，已是尽头。

然而，20多年后的今天，国际金融危机暴露了西方经济监管的重大缺陷，席卷全球的"占领运动"凸显了民主制度的重大危机，"第三波民主浪潮"后的发展中国家民主制度建设始终止步不前，各类思潮此起彼伏。正如中国著名国际问题专家王缉思所言：世界政治发展的基本趋向，体现了各国政治结构与过程的复杂性和多面性，"新的世界历史也许才刚刚开始"。

过去20多年里，世界的政治改革基本可以分为四类。

一是激进改革。如1985年以来最终导致国家解体的苏联"改革新思维"，再如导致民众上街游行、推翻现政权的所谓"阿拉伯之春"式改革。

二是保守改革。比如，保持政治制度不变，仅对经济制度进行改革的古巴模式，结果使古巴越来越被世界政治主流边缘化。

三是固步自封。欧美国家一直陷于自我满足，对本国延续了数十上百年的政治制度缺乏改革的勇气，结果导致西方的整体衰落与各类社会危机。

四是稳健改革。中国试验式的、逐步推广式的改革路径，先经济后政治，释放经济活力，带动政治改革的方式，避免了大的动乱，促进了社会的活力，带来了人民生活水平的空前提高。

目前，西方越来越多的学者都在反思本国的制度，承认中国稳健改革的优越性。"历史终结论"的提出者弗兰西斯·福山近年来也坦承："关于民主，美国没什么可以教中国的。"

可见，从政治意义上看，中国复兴正是为新的世界历史发展提供了另一种选择。民主没有统一的模式,没有唯一形态。当下现实正在告诫我们,"三权分立""两党、多党制度"并不是固定的政治改革选择。对中国这个古老而现代的东方大国来说,汲取本土智慧,将对本国政治生活和国家治理发挥更加巨大和有效的作用。这类经验主义的政治改革模式正是中国梦给世界的最大政治贡献。

## 和平贡献

西方大国的崛起从来都伴随着战争。19世纪中后期,是大国崛起的"洗牌期",战争数不胜数,大一些的如1840年鸦片战争、1854年克里米亚战争、1858年法国吞并印度支那、1860年第二次鸦片战争、瓜分整个非洲的大小战争、1861年的美国南北战争,西方崛起就是一个血与火、枪与炮的过程。

更糟糕的是,在西方历史上,为了转嫁危机、稳定国内,西欧国家可以把失业者出口到非洲,把囚犯出口到澳洲,把异教徒出口到美洲,用鸦片在亚洲换回白银,而在自己境内却独享现代化成果。而当时整个西方世界的人口仅几千万,中国今天却是13亿人。中国在自己国境内消化本国的困难,没有给世界带去难民、灾难、饥荒、战乱、疾病,维持了一个和平稳定、占有全球1/5人口的国度,这是中国对世界的最大和平贡献。

除此之外,中国还几乎加入了所有维护世界和平的公约,如国际《禁止化学武器公约》《全面禁止核武器条约》等;作为联合国常任理事国之一,中国与其他国家通力合作,强调运用多边主义解决冲突,为世界冲突的和平解决做出了突出的贡献。

中国人民解放军不断扩大参与了多边安全行动。这种趋势最引人注目的一个方面,是中国参与联合国维和行动的显著增加。自从2000年派出不到100名维和人员以来,中国对联合国维和行动的贡献已猛增20倍。2009年12月,中国派出三艘军舰赴亚丁湾保护商船,更是迈出最新的一步。通过扩大参与维和行动,中国与全球安全议题进行更密切的接触,改善中国与美国利益相抵触的活动,帮助扩大中国对地区稳定的参与,以及为更有效的国际维和行动做出贡献。

正如德国前总理施密特所说:"纵观中国历史,中国从未在别国设立殖民地,中国外交政策中从未有抢夺别国领土的传统。至今中国一直是世界史上最和平的大国,中国不会背弃和平崛起的这一伟大的传统。"这句评价可以视为是对中国梦和平贡献的代表性描述。

## 洋漂族的中国梦能成功吗

如果说上文所描述中国梦的世界贡献还有一些抽象,那么,环顾华夏大地,越来越多的外国人面孔出现,则可以印证中国梦带给世界的最大具体实惠。

外国人教育部2007年公布的新增汉语词汇里,有一个全新的名词:"洋漂族"(也称"洋飘族")。这个名词所指的那些外国人士,不是那种出现在商务场合的外企高管、专家,或者大学教授、留学生。他们的身份很复杂,有长期旅行者、淘金者,甚至还有非法打工者,有来华的商人,酷爱中国功夫的"大侠",来中国发展的运动员、教练员或演员等。成功者通常会把中国称为"第二故乡",当然,失意者也会选择离开。

2012年10月26日《纽约时报》一篇题为《中国在召唤》的文章称,最近10年,每年来中国的外国人都要增长10%,"一项对在华任高级管理人员的外国人的调查显示,有一半人抱着在中国赚更多钱的期望来到中国,而且中国没让他们失望"。

据统计,2011年外国人入境已达2711万人次,且以年均超过10%的速度增长。据人口普查的数据显示,在华长期定居的外国人已有50万。但民间实际的感觉却要比这个数字大得多。据称,在广州就有20万来自非洲的人口,且有庞大的非洲人聚居区。在北京,光在东北四环外望京居住的韩国人,就超过了5万人。

中国现在无疑是全球最有活力的经济体,这对全世界的个人而言,都将意味着更多的发展机遇。中国迫切需要各种国际人才的引进,各地几乎都设立了类似"外国专家局"这样的机构;中国社会对外国人的包容性相当强,很少发生排外的现象,这种友善的氛围是吸引外国人来华发展的重要因素。

在中国的各大媒体,几乎都有所谓"在中国的外国人"的栏目或节目。以"有朋自远方来不亦乐乎"为文化传统的中国人,比世界上绝大多数国家都在乎外国人在中国的感受。

美国记者罗平·梅瑞迪丝在其近著《龙与象：中国、印度崛起的全球冲击》一书中说，外国人心中的中国梦可归纳为三个阶段：1978年到1989年期间，一些人实现了处于新生儿阶段的中国梦；1989年到2008年，更多梦圆中国的外国人从中国的发展中获益；从2008年至今，当越来越多的中国人到海外生活、消费时，外国人对中国梦有了新的、更全面的理解。

一方面，外国人来华打拼中国梦，中国面临着一个跨文化交流与社会管理的新课题，诸如"三非"（非法就业、非法入境和非法居留）等社会问题。另一方面，外国人的中国梦也帮中国自我完善，许多外国舆论对中国大中城市的空气污染、社会问题、法律漏洞的批判，让国内相关部门更萌生提升本国发展水平的动力。

诚如北京大学中文系教授张颐武认为，外国人心中的中国梦和中国人心中的中国梦正在处于高度互补的状态，外国人圆中国梦的过程可以在中国的发展中发挥特殊作用，当中国人实现各种权益的提高和保障时，也相应会提升外国人对中国的好感和期望，以及中国梦的实际吸引力。

从全球劳动力流动的角度来看，如今的中国像当代全球化时代的一个新大陆。改革开放以来，特别是2001年中国加入WTO之后，中国变得更加开放，劳动力市场也进一步扩大，吸引了各式各样的外国人来华。中国需要呵护这个进程，并用法制与规范保护和改善这个过程。

正如唐代最强盛时，中国的长安是最国际化的都市；美国梦的成功也在于吸引了全世界的人才到美国淘金，中国梦要成功，同样也要延续这个伟大的过程。

从这个角度讲，目前中国正在推出的"外专千人计划"是一项吸引外国人到中国就业的全新计划。今后中国很可能成为新的"机遇之国"，让愿意来中国的外国人都有机会实现自己的人生梦想，那么，光有这个计划还不够，还要靠整个中国社会的进一步发展与完善。

## 学会中国梦的全民表达

正如前文所言，30多年来的中华民族复兴解决了挨打、挨饿问题，却依然面临很大的挨骂问题。改革开放以来，亿万民众实现了解决贫困、发家致富的中国梦，但是在国际舆论中的形象，中国梦却仍然受到很大质疑，中国作为实现梦想的乐土，依然被许多国际人士所批判。

从这个意义上讲，中美之间真正存在逆差，不是贸易，不是知识，而是梦想。金融危机后的美国问题重重，但在国际舆论的主流上仍然将美国视为"希望"，因为有无数民众都在"为美国说话"；中国日新月异，但国际舆论仍对中国不依不饶，"为中国说话"常常被视为是中国政府操纵的。要解决这个挨骂问题，对外塑造恰当可信的民意表达、让最多的人来阐述中国梦将是重要一环。

通过对比，我们可以得出中国民意表达的两大困境：第一，相对西方的民意表达，中国民意的表达方式，在对外影响上力量微弱，甚至根本起不了作用。以2008年为例，由于西方媒体对"3·14"拉萨事件的报道，中国民间曾掀起一阵"反CNN"网络运动，"做人不要太CNN"成为中国民间的一句流行的口头禅。这股运动虽然起到了一定的民意宣示作用，但是，在西方媒体的语境中，这种表达中国民族情感与国家发展正当诉求的背后，是政府因素以及长期以来政府所怂恿的中国民族主义思潮。

第二，相对于西方民意的表达，中国民意表达的真实性、代表性和合法性常受到很大质疑。不少中国民意的正常表达，以及对中国梦的个人阐述，常常被西方甚至被中国自由主义者批判为"民族主义"。这样，中国政府在外交谈判中即使要打民意牌，有时候也会显得底气不足。

大国崛起的过程，实际上是一项结合民众意志、聚集民众力量和实现民众目标的过程。针对当前中国民意对外表达太弱、没有足够多的人了解与支持中国梦的困境，笔者认为，民意表达要真正作用于中国崛起，成为令世界知道、了解和理解中国的不可或缺的手段，就至少需要以下几点革新。

第一，要对民意表达进行观念革新。在对外交往上，过去我们常常以"外交无小事"为由，全权由政府代办外交事宜。但是，现在，随着中国社会的多元化、国际形势的复杂化，政府的功能越来越无法囊括和满足民众对外沟通的需要。此时，我们必须进行民意的观念革新，认识到民意能够在许多领域弥补官方外交的功效。民意不仅有对外沟通、联系、信息传达等防御性作用，更有对外宣示、威慑、利益索取等作用。更重要的是，民意表达将为官方外交拓展谈判的弹性。在外交博弈时,民意表达中的利益诉求的尺度远远要比外交谈判来得宽。换句话说,中国梦不一定只有官方来说,也可以创造更多的条件让民众说、让企业说、让普通知识分子去说。

在民意表达上的观念革新,就是在各种条件都允许的条件下开放民意。这不仅有助于中国公民社会的建立与发展,也将形成民意与国家崛起的良性互动。在许多时候,中国应该让世界认识到,民意表达与中国政策之间的距离感和差异性。任何民意表达仅仅是中国多元的一部分,不代表中国官方意志,但有可能会作用于官方政策。

这样的观念革新就是要求中国政府在对外表达上,不必为任何中国民间的声音负责。民间说的中国梦,有可能不准确、不精细,但都是一种角度与故事,都是中国追求梦想、努力奋斗的一个真实组成。民意表达中国梦的丰富性将决定中国的开放度,也将决定世界是否将以更多元、更社会化、更立体化的眼光观察和认识中国。

第二,要进行民意表达的制度革新。充分认识到对外民意表达的重要功效,就要求制度上进行更多有利于民意表达的创新。其中,创建民意表达的多元结构是至关重要的一环。当前,中国民意表达最充分、最多元和最复杂的路径就是网络。但是,网络的弱点在于集中性弱、权威性小、观点分散、真实性差,要弥补这些弱点,真正令世界听到中国声音,还需要有各种制度上的创造。

这可以参照西方民意表达的方式,打造一个聚合个人、社会团体、研究机构、政府官员在内的多元民意表达方式。尤其在个人层面,四类民意表达的代表非常重要:

一是学者。中国应该鼓励更多的学者说话,让更多的学者有勇气、有能力和有实力表达民间对于中国梦的观点。

二是人大代表。当前,中国各级政府应该对各级人民代表大会中那些"名誉代表""门面代表""会议代表""举手代表""哑巴代表"和已证明不能很好从事代表工作、履行代表义务或民众意见很大的代表,坚决停止或终止其代表资格。人民代表大会制度是中国政治体系中的核心制度之一。但是,在对外民意表达中,中国各级人大代表基本上是"沉默的关键人物"。要对外表达民意,也要鼓励、允许甚至开放人民代表在关于中国梦上的话语表达。只有这样,才能让世界知道中国人大代表制度的实质作用。在这一点上,美国国会议员的话语开放,是值得借鉴的,尽管他们的话语有时候显得非常极端和偏激。

三是各级官员。在任何一个国家来看,官员的发言与具体政策也有一定的距离。在西方大多数国家,根据情景不同,一个官员的发言有时是政策表达,有时是口误,有时却只是为了表达民意。但各级官员对地方上的情况相对了解,鼓励他们用最新鲜的话语讲述中国梦,是有一定代表性的。

四是各行各业的成功精英。改革开放的成功不只是国家层面抽象的成功,而是凝结着各行各业、无数成功人士的故事。把这些故事整理成册、成书、成文,再鼓励将这些故事用电影、电视剧、小说等艺术方式进行再传播,是很好的中国梦讲述。事实上,正如美国梦的典型常常被视为体现在《阿甘正传》中,中国梦是由无数个阿甘组成的,只是中国缺乏讲述阿甘故事的人。

第三，要进行民意表达的技术革新。在民意表达上，观念革新和制度革新是根本，技术革新却是关键。如何让世界听到中国民意的表达，需要找到可行性强的技术方式。比如，在西方媒体做对华偏见性报道这个问题上，新加坡教授林作新提出："要像新加坡那样，以西方的方式对付他们，到媒体的所在地，进行法律诉讼。政府有的是钱，聘请最好的律师，穷追猛打，进行纠缠，咬住不放。媒体输了，认错不行，道歉不行，要赔款，因为新加坡知道，西方媒体属于个人的，属于企业家的，一赔几百万美元，赔个三两次，老板受不了，就会命令记者闭嘴。几年下来，西方媒体对新加坡的新闻的处理就小心翼翼了，他们被教乖了。我想，中国不妨也采取这种方式。"浙江大学河清教授提出，要到巴黎街头去做西藏的真实广告，也是一种可行之策。

对民意表达进行技术革新，就是要找到一种看得见的、可行的、有操作性的表达方式。当前中国越来越流行网络上的民意调查，以及各类互联网2.0手段（如微博、微信），这种方式应该继续发扬光大，并使这种方式运用到外交、对外社会交往层面，久而久之，西方就不可能再忽视中国的声音，更不可能无视中国人的情感，以及不断丰富多彩化的中国梦存在。

总之，民意表达是中国崛起过程中不可或缺的推动力，塑造中国梦的民意表达，也将是后30年中国研究界、传媒界的一个重大课题。毕竟，中国梦不仅是想出来的，也是做出来的，同样是说出来的。

中国梦是世界的需要，中国梦不是关起大门、自己做，而是与世界合作、共同做。中国是当今世界经济最有活力、增长最快的地区。中国正处在一个坎上，面临各种国际、国内挑战。中国梦激励着一代又一代的中国人迎难而上，妥善应对一个又一个挑战，使中国发展得更好。同样，把中国梦做好、讲好、说好，不仅是中国人的福音，也是世界的福音。

中国的发展进入一个崭新的阶段。笔者希望，中国梦——中国需要、世界也需要的好事——做的人越来越多，越做越好；说的人越来越多，越说越精彩。

## 编后记
### More Time for China, More Time for Dream

《十问中国梦：给梦想多一点时间》是由中央电视台著名财经评论员刘戈老师领衔主笔，与政经畅销书作家舒泰峰、中国人民大学重阳金融研究院执行副院长王文及财经畅销书作家雷思海四位合著而成。

刘戈先生是国内著名的财经评论员，他对宏观经济、产业经济、环境与人口问题等领域有着持续的关注和深入的思考，因而主笔民生与国民经济改革的第一章、产业革命与企业进步的第三章及人口与环境的第八章，并为本书作序；舒泰峰先生的擅长则重在时政观察，对道德、法制及群体冲突问题投入了极大的关注，所以有关城镇化中群体冲突的第五章、有关道德与心灵的第六章及有关法制建设的第七章由其主笔；王文先生则将眼光投向国际舞台，写出了分别涉及战争主题与中外交往主题的第九章、第十章；雷思海先生一直从事财经时评工作，故而欣然主笔第二章和第四章，分别讨论了金融创新和提升民族创造力的一些话题。

四位作者是影响力正在迅速上升的中青年思想家，本次合作，将他们各自的影响力聚合到一起，应该会产生更大的效力。

　　本书触及中国当下最受关注的主题，涉及经济、社会等广泛的领域和众多热门的话题，或将释放巨大的传播能量，产生深远的影响，甚至于能对中国的进步产生些许推动作用。若如此，则是中国之幸，也是四位作者之幸、本书策划编辑之幸。

# 参考资料

1. （英）《经济学人》.大转变——2050年的世界.张岩，梁济丰，胡珊珊，译.中华工商联合出版社，2013-03.

2. 刘世锦等.陷阱还是高墙？——中国经济面临的真实挑战和战略选择.中信出版社，2011-11.

3. （美）塞缪尔·弗莱施哈克尔.分配正义简史.吴万伟，译.译林出版社，2010-11.

4. 林毅夫.从西潮到东风——我在世行四年对世界重大经济问题的思考和见解.余江，译.中信出版社，2012-09.

5. （英）乔治·马格努斯.谁搅动了世界——未来10年，世界经济格局大派位.刘寅龙，译.广东人民出版社，2012-04.

6. （美）阿文德·萨勃拉曼尼亚.大预测——未来20年，中国怎么样，美国又如何？.倪颖，曹槟，译.中信出版社，2012-03.

7. （英）维克托·迈尔–舍恩伯格，（英）肯尼思·库克耶.大数据时代——生活、工作与思维的大变革.盛杨燕，周涛，译.浙江人民出版社，2013-01.

8. （英）彼得·马什.新工业革命.赛迪研究院专家组，译.中信出版社，2013-04.

9. （美）迈克尔·斯宾塞.下一次大趋同——多速世界经济增长的未来.王青，刘其岩，译.机械工业出版社，2012-02.

10. 李铁."城镇化与社会变革"丛书.中国发展出版社，2013-03.

11. 周其仁.城乡中国.中信出版社，2013-09.

12. 费孝通.乡土中国.上海人民出版社，2007-08.

13. 樊纲，武良成.城市化——一系列公共政策的集合.中国经济出版社，2010-05.

14. （加）雅各布斯.美国大城市的死与生.金衡山，译.译林出版社，2006-08.

15. （英）亚当·斯密.道德情操论.谢宗林，译.中央编译出版社，2008-08.

16. 茅于轼.中国人的道德前景.暨南大学出版，2008-11.

17. （美）丹尼尔·贝尔.资本主义文化矛盾.严蓓雯，译.人民出版社，2010-01.

18. 杜维明，卢风.现代性与物欲的释放——杜维明先生访谈录.中国人民大学出版社，2010-07.

19. （德）马克思·韦伯.新教伦理与资本主义精神.康乐，简惠美，译.广西师范大学出版社，2010-09.

20. （美）弗洛姆.爱的艺术.李健鸣，译.上海译文出版社，2008-04.

21. （英）哈耶克.通往奴役之路.王明毅等，译.中国社会科学出版社，1997-08.

22. （英）哈耶克.哈耶克文选.冯克利，译.江苏人民出版社，2007-04.

23. （美）约翰·罗尔斯.正义论.何怀宏，何包钢，廖申白，译.中国社会科学出版社，2001-06.

24. 季卫东.大变局下的中国法治.北京大学出版社，2013-06.